CLODOALDO MONTORO

LITURGIA
Vida para nossa vida

A MISSA
PARTE POR PARTE

COORDENAÇÃO EDITORIAL: Elizabeth dos Santos Reis
REVISÃO: Ana Lúcia de Castro Leite
DIAGRAMAÇÃO E CAPA: Tiago Mariano da Conceição

Dados Internacionais de Catalogação na Publicação (CIP)
(Câmara Brasileira do Livro, SP, Brasil)

Montoro, Clodoaldo
  Liturgia: vida para nossa vida / Clodoaldo Montoro. – Aparecida, SP: Editora Santuário, 2005.

  Bibliografia.
  ISBN 85-7200-989-2

  1. Adaptação litúrgica – Igreja Católica 2. Celebrações litúrgicas 3. Igreja Católica – Liturgia 4. Missa – Celebração I. Título.

05-2426 CDD-264.02

Índices para catálogo sistemático:

1. Liturgia: Igreja Católica 264.02

7ª impressão

Todos os direitos reservados à **EDITORA SANTUÁRIO** – 2019

Rua Pe. Claro Monteiro, 342 – 12570-000 – Aparecida-SP
Tel: 12 3104-2000 – Televendas: 0800 - 16 00 04
www.editorasantuario.com.br
vendas@editorasantuario.com.br

Sumário

Introdução 5

PRIMEIRA PARTE
Para entender a Liturgia 9

1. O que a Igreja quis com a reforma
   da Liturgia?... 9
2. Ritual para celebrar uma aliança 14
3. A Ação Litúrgica 19
4. Ações litúrgicas e não litúrgicas 24
5. Recapitulando.. 28
6. O que é celebrar? 32
7. Comunicação simbólica na Liturgia 36
8. Os sinais e os símbolos na Liturgia 40
9. Gestos e posições do corpo 44
10. Gestos litúrgicos 48
11. Vestes e cores litúrgicas... 52
12. Ainda os sinais e símbolos litúrgicos 57
13. Objetos utilizados na Eucaristia 64
14. A música e o conto na Liturgia 69

15. O ano litúrgico...74
16. Espiritualidade litúrgica...............................84
17. As intenções da missa.................................. 88

SEGUNDA PARTE
A Missa parte por parte 95

1. Ritos iniciais 97
2. Liturgia da Palavra 104
3. Liturgia Eucarística 113
4. Ritos da Comunhão....................................121
5. Ritos finais..125

Introdução

Certa ocasião o padre de minha cidade comunicou aos fiéis que os bispos do mundo inteiro estavam reunidos em Roma. Estavam resolvendo diversas coisas importantes para a Igreja. Um documento, com novas normas sobre a celebração da missa, já estava para ser publicado.

Nunca me esqueço dessa notícia. Eu estava com dezoito anos e participava ativamente da comunidade. Sentia um grande interesse e curiosidade, pois aos domingos ajudava a equipe responsável pela "missa recitada".

O que era a "missa recitada"? Naquele tempo a missa era rezada praticamente só pelo padre; os textos eram todos em latim; o altar ficava localizado, geralmente, junto à parede do fundo, bem distante do povo; o celebrante ficava de costas para a assembleia.

Durante a missa não havia comunicação entre o sacerdote e o povo. Por isso a maior parte das pessoas ficava rezando suas devoções particulares (terço, atos de piedade, leituras edificantes, meditações etc.). Em missas solenes até que era gostoso ouvir o canto coral, sobretudo quando eram executadas peças de grandes compositores.

No início dos anos sessenta, tentando mudar essa situação, surgiu a "missa recitada". Algumas pessoas preparadas faziam leituras ao microfone, seguindo textos em português, mais ou menos em sintonia com os textos do missal romano que o padre rezava em silêncio no altar. O povo, seguindo um livrinho, alternava com o comentarista, recitando preces comuns, dando respostas, fazendo aclamações e também cantando nos momentos apropriados.

O Concílio Vaticano II

A tal reunião dos bispos em Roma era o Concílio Vaticano II. O Padre sabia que o documento que estava para sair iria renovar a maneira de a Igreja celebrar a missa. As notícias falavam de alguns pontos, a saber:

- Os fiéis iriam *participar* da missa e não *assistir* à missa.
- A língua utilizada para a celebração da missa com o povo não seria mais o *latim* e sim o *português*.
- O altar seria colocado mais perto e *voltado* para o povo; os fiéis poderiam ver o que estaria aconte-

cendo sobre a mesa.

• Enfim, a Igreja, com essas mudanças, não estaria buscando novidades; ao contrário, estaria *voltando às origens*.

Em 1963, no dia 4 de dezembro, foi solenemente promulgada a Constituição SACROSANCTUM CONCILIUM. Esse documento trata da renovação da vida litúrgica.

O que aconteceu depois disso?

Quem não viveu a situação anterior dificilmente poderá medir o tamanho da mudança que foi provocada na Igreja no que diz respeito à Liturgia. A maneira de celebrar a missa é apenas um dos aspectos dessa verdadeira revolução, que ainda não foi totalmente desenvolvida e assimilada.

Queremos oferecer a você estas páginas de formação litúrgica com a finalidade de ajudá-lo a participar mais consciente e frutuosamente da celebração da Eucaristia.

PRIMEIRA PARTE
Para entender a Liturgia

1

O QUE A IGREJA QUIS COM A REFORMA DA LITURGIA?

O Concílio Vaticano II realizou, em poucos anos, uma reforma geral da Liturgia. A revisão dos **RITOS** foi feita obedecendo dois grandes critérios (Confira o Documento *SACROSANCTUM CONCILIUM*, N º 4):

• Respeitando a longa tradição da Igreja e indo mesmo até as origens, isto é, ao tempo das comunidades dos primeiros séculos.

• Buscando nova vitalidade de acordo com as necessidades do mundo moderno e prestando atenção à mentalidade dos homens e mulheres de hoje.

Mas atenção: a Igreja não estava preocupada somente com uma reforma pura e simples dos *RITOS*. Ela queria muito mais do que isso. O que ela desejava era é *"o progresso cada vez maior da vida cristã entre os fiéis"* (SC 1).

Isso quer dizer que a reforma da liturgia deveria ajudar as pessoas e as comunidades a celebrar **bem**. Sabendo como participar das ações litúrgicas os fiéis podem crescer na santidade e ser melhores cristãos. Assim Deus é glorificado.

Com a reforma ficou esclarecido que:

• Os *"atores"* da liturgia cristã não são só os padres (sacerdotes, ministros), mas todos e cada um dos batizados, o conjunto do povo de Deus. Todos nós somos a Igreja que celebra (SC 14).

• Para ser *"ator"* da liturgia o cristão precisa estar preparado para participar de modo *consciente* e *ativo* a fim de conseguir os *frutos* (SC 11).

Como entender melhor a Liturgia?

Já vimos que a pura e simples renovação dos **RITOS** não basta. É preciso ter conhecimento do significado de tudo que faz parte do ato celebrativo. É preciso abrir o coração para acolher e responder a Deus que se comunica conosco por meio de sinais sagrados (sacramentos).

Quando participamos de uma ação litúrgica, como a missa por exemplo, devemos nos perguntar:

O que isso significa? Qual o sentido desse rito? O que a Igreja quer comunicar com esse modo de rezar?

• Da resposta a essas perguntas depende uma participação **consciente**; a partir daí se pode fazer uma catequese dos textos, das ações e dos sinais utilizados; consequentemente, torna-se possível a realização inteligente da celebração.

Como é que isso deve funcionar? Como pode o rito falar e ter um significado para as pessoas, numa determinada situação?

• Da resposta a essas perguntas depende a participação **ativa** e **frutuosa**. Dependendo do modo como celebramos conseguiremos ou não entrar no sentido da celebração.

A natureza da liturgia

Para entender a liturgia é preciso lembrar alguns pontos fundamentais de nossa vida de fé. Quando lemos a Bíblia notamos que Deus sempre procurou fazer parceria com seus filhos e filhas, que somos nós, suas criaturas. Deus não criou o homem e a mulher para os abandonar em seguida.

O Pai nos criou para se comunicar continuamente conosco; ele quer que participemos de *sua vida;* ele quer ter conosco uma comunhão de amizade; ele quer fazer conosco uma **ALIANÇA**.

Para mostrar visivelmente essa **aliança**, os homens sempre se utilizaram de *ritos*. Existem muitos ritos na história dos povos, em todas as culturas e religiões. Há uma grande variedade de ritos. Um deles é o *sacrifício*.

O **SACRIFÍCIO**, como a própria palavra está dizendo, significa *"fazer sagrado"*. Os homens, desde o início, ofereciam ritos de sacrifícios para fazer ou renovar aliança com Deus; para homenagear a divindade; para pedir perdão quando se reconheciam infiéis na parceria; para prestar culto ao Ser Superior.

Veja como Deus selou uma "aliança" com Abraão e como foi realizado o ritual de sacrifício para "celebrar" esse pacto. Esse é um dos muitos exemplos que nos servirão para ilustrar a natureza da Liturgia.

(Deus disse a Abraão) "Eu sou Yahweh que te fez sair de Ur dos Caldeus, para te dar esta terra como herança." Abraão respondeu: "Meu Senhor Yahweh, como saberei que hei de possuí-la?" Ele lhe disse: "Procura-me uma novilha de três anos, uma cabra de três anos, um cordeiro de três anos, uma rola e um pombinho". Ele lhe trouxe todos esses animais, partiu-os pelo meio e colocou cada metade em face

da outra; entretanto, não partiu as aves. Quando o sol se pôs e estenderam-se as trevas, eis que uma fogueira fumegante e uma tocha de fogo passaram entre os animais divididos. Naquele dia Yahweh estabeleceu uma aliança com Abraão (Gênesis 15,8-10.17-18).

2

RITUAL PARA CELEBRAR UMA ALIANÇA

Em Gênesis 15,8-10.17-18 vimos um exemplo de RITUAL utilizado para selar uma ALIANÇA, a aliança que Deus fez com Abraão. A partir dessa narração destacamos os seguintes elementos:

a) *o sacrifício*: era comum as pessoas separarem dentre os bens que lhes pertenciam algo para ser oferecido (sacrificado) a Deus como reconhecimento e gratidão por tudo que dele recebera;

b) *imolação*: no caso de animais e aves era necessário o abate, sendo que o sangue derramado era sinal da vida. O sangue aspergido ou consumido pelo fogo representava a vida das pessoas que se uniam num pacto de aliança. Simbolizava também bênção, ação de graças, purificação, compromisso.

c) *ritual*: todo ritual tem uma linguagem. No tempo de Abraão, naquela região onde ele vivia, as pessoas que faziam um contrato, uma aliança, costumavam imolar um animal, dividi-lo em duas partes e, sobre uma pedra, colocavam as duas metades uma diante da outra. As pessoas envolvidas no pacto deveriam passar por entre as partes da vítima sacrificada, cientes de que aquilo que fora feito com o animal esquartejado poderia acontecer com quem quebrasse a aliança selada naquele momento.

d) *diferença*: no caso da aliança entre Deus e Abraão, somente Javé passou por entre as partes dos animais esquartejados (a tocha de fogo era sinal de Deus – veja a "sarça ardente" em Êxodo 3,2; a "coluna de fogo" em Êxodo 13,21). Isso significa que Deus sempre toma a iniciativa de fazer aliança com Abraão, ou seja, trata-se de um pacto *unilateral*, só de um lado, o lado de Javé (veja Êxodo 9,9). Mas, Abraão não é passivo; ele concorda, ele se compromete, ele acredita nessa aliança.

Esse ritual de sacrifício utilizado para celebrar uma aliança é apenas um dos muitos exemplos que podemos encontrar na Bíblia e na história das religiões. Foi oportuno refletir sobre esse texto para podermos entender a Liturgia da qual participamos.

Quais os elementos fundamentais numa ação litúrgica?

Quando participamos de uma ação litúrgica, da celebração da missa, por exemplo, o que notamos de especial e de mais característico?

Sem nos preocuparmos muito com a ordem e a importância dos vários elementos, podemos constatar o seguinte:

1. *Ritos:* Na celebração da missa são utilizados muitos rituais. Primeiramente, as pessoas se reúnem. Há alguém que preside e desenvolve a cerimônia, auxiliado por várias outras pessoas. Leituras são proclamadas; a assembleia escuta e participa por meio de aclamações, cantos e preces. Há também um conjunto de movimentos, gestos, ações e palavras, de caráter sagrado, fórmulas que devem ser seguidas fielmente. São utilizados muitos objetos litúrgicos: livros, toalhas, panos, velas, flores, luzes, roupas, pão, prato, copo, jarras, água, vinho, mesa, estante. Tudo faz parte do rito e tudo quer ser uma linguagem; o rito quer falar e realizar alguma coisa importante.

2. Deus: As pessoas que participam da missa são pessoas de fé. Não podemos ver Deus, mas cremos em sua presença e em sua ação. Portanto, Deus está sempre presente nas ações litúrgicas. Deus uno e trino, Pai, Filho e Espírito Santo. Ele fala, ele escuta, ele age (santificando, perdoando, ensinando, salvando).

3. Assembleia: As pessoas se reúnem para a celebração. Trata-se de um ato comunitário, pois é a Igreja (Assembleia) que celebra a liturgia. Podemos dizer que nunca estamos sozinhos quando fazemos liturgia.

4. Mediador: A ação litúrgica é uma celebração que une duas realidades: une Deus com a Assembleia (humanidade) e a Assembleia com Deus. Para fazer essa ligação há necessidade de um *mediador*, ou seja, alguém que se coloque no meio das duas partes e faz a *ponte* (Pontífice). Jesus Cristo é o mediador, pois tem condições de representar as duas partes: ele é ao mesmo tempo Deus e homem. Ele é o verdadeiro Sumo Sacerdote. Os sacerdotes humanos são apenas ministros, representantes dele; são sinais sacramentais de sua presença e atuação.

5. Sacramentos: Os sacramentos são sinais sensíveis que transmitem/comunicam a graça. Em outras palavras, são realidades de nosso mundo material transformadas pela força de Deus para que tenhamos a vida eterna. Sinais sensíveis, pois podemos ver, tocar, sentir, comer, beber, ouvir..., que nos comunicam dons e riquezas espirituais.

Quando Deus fez aliança com Abraão, foi celebrado um ritual: os animais imolados, esquartejados e colocados sobre a pedra; o fogo passando por entre as carnes; tudo isso foi sinal visível e sensível para significar que Javé fez um pacto com Abraão. Estava assim feita a promessa que através de Abraão Deus faria para si um povo escolhido, que seria mais numeroso que as estrelas do céu (veja Gênesis 15, 5-6). Podemos dizer que toda a liturgia começou a ser celebrada ali naquele momento.

3

A AÇÃO LITÚRGICA

Deus não quer salvar o ser humano isoladamente. Ele quer que todos os seus filhos sejam salvos como comunidade, como família, como **Igreja**. O próprio significado da palavra Igreja quer dizer **"assembleia"**, povo reunido.

No Antigo Testamento, em muitas passagens, ficou claro que Deus não quis fazer aliança com o homem individualmente, com cada pessoa separada das outras. Ele sempre quis para si **"um povo"**. Veja o que ele disse quando escolheu Abraão e prometeu-lhe que seria pai de muitas nações (Gênesis 17,4-5).

No Egito, por meio da liderança de Moisés, Deus agiu para libertar **"seu povo"**, os hebreus, que eram descendentes de Abraão, Isaac e Jacó. E mais, renovou com esse povo sua aliança no Sinai (Êxodo 19,4-6). No livro do Deuteronômio (4,10), Deus disse a Moisés: *"Reúne-me o povo, para que eu os faça ouvir minhas palavras e aprendam a temer-me por todo o tempo em que viverem sobre a terra, e as ensinem a seus filhos".*

Povo sacerdotal e Corpo de mediação

Deus escolheu para si um povo e através desse povo ele quis se revelar aos outros povos, às outras nações. Por isso em Êxodo 19,6 ele disse: *"vós sereis para mim um reino de '**sacerdotes**'".* Sacerdote é aquele que faz o papel de intermediário: representa Deus para os homens e representa os homens diante de Deus.

Mas o tempo do Antigo Testamento já acabou. O povo hebreu foi povo de Deus apenas como preparação. No tempo que se iniciou com Jesus, um Novo Testamento foi firmado. Agora é a *Igreja* o novo povo de Deus. Não mais um povo exclusivo, constituído apenas de uma raça. Gente de todas as nações é chamada para fazer parte dessa **"assembleia"**.

Jesus começou escolhendo os doze apóstolos, depois convocou mais discípulos, foi revelando a eles tudo o que o Pai mandou que fosse ensinado e, depois de sua morte e ressurreição, confirmou esse grupo iniciante como *sua Igreja*, como *sua família*, como *seu corpo* (veja Mateus 16,18; 1Cor 1,2).

Em Pentecostes, com a vinda do Espírito Santo prometido, a Igreja foi fundada "oficialmente". É só ver o que aconteceu depois: os apóstolos pregando, operando sinais para confirmar as palavras, convertendo tanto judeus quanto pagãos, pois já não há mais distinção. As comunidades vão sendo estabelecidas e estruturadas, com suas lideranças e suas atividades.

A Igreja, portanto, cujo nome significa "assembleia", "povo reunido", existe porque Deus quer salvar seus filhos como uma família, não individualmente, cada um separado do outro. Na Igreja não existe o "cada um por si e Deus por todos". Todos os batizados somos membros de um só corpo, o "**Corpo de Cristo**", que é a Igreja, Povo de Deus (1Cor 12,12-13).

Igreja: Comunidade de Salvação

Pelo batismo somos feitos membros de Cristo, filhos da Igreja, comunidade de salvação. Mas, como se concretizam as atividades da Igreja que se traduzem em salvação para nós? Lendo os Atos dos Apóstolos nós aprendemos o que a Igreja fez e vem fazendo desde o início, depois de Pentecostes.

A Igreja vem cumprindo sua missão, recebida do próprio Jesus:

• pregar o Evangelho em todo o mundo, a toda a criatura;

• converter e batizar; ensinar a observar tudo o que Jesus ensinou;

• fazer memória de Jesus tomando e comendo o pão e bebendo o cálice de vinho;

• curar os doentes; perdoar os pecados;

• organizar as comunidades criando serviços, principalmente de atendimento aos pobres;

• impor as mãos para conferir poder e autoridade a seus ministros;

• orar... louvar... celebrar... e muitas outras atividades.

A Atividade Litúrgica na Igreja

Entre todas as atividades da Igreja, que são maneiras distintas por meio das quais ela realiza a missão que recebeu de Jesus, está a **atividade litúrgica**. A ação litúrgica é uma das mais importantes atividades da Igreja. Quando a Igreja faz Liturgia, ela está exercendo o serviço sacerdotal de Jesus Cristo, no qual, através de sinais sensíveis, é realizada nossa santificação.

A Liturgia é o culto público completo; significa que através do Corpo Místico de Cristo, cabeça e membros, Deus é plenamente louvado e adorado. *A celebração litúrgica, como ação de Cristo Sacerdote e de seu Corpo, que é a Igreja, é uma ação sagrada cuja eficácia não é igualada por nenhuma outra ação da Igreja* (leia, se puder, o que diz SC 7).

4

AÇÕES LITÚRGICAS E NÃO LITÚRGICAS

Nossa ligação com a vida da Igreja nos leva a participar de vários tipos de celebração: a principal é a Missa; mas em outros dias participamos de um Grupo de Oração; frequentemente rezamos juntos o Terço; fazemos a Via-Sacra; preparamos festas importantes com Novenas Comunitárias; participamos de um Batizado; vamos ao Velório para rezar por uma pessoa falecida, e assim por diante.

Embora possamos dizer que todas essas ações sejam celebrações de fé, há diferenças muito significativas entre elas. Algumas são celebrações litúrgicas, outras não. Então, o que distingue umas das outras?

O que vem a ser Liturgia?

A palavra *Liturgia* vem do grego e originalmente tinha um significado meramente profano. Designava serviço público, relacionado com função de administração. Com o tempo foi sendo utilizado no sentido religioso como serviço público de Deus, sobretudo o da oração e do culto.

Os cristãos orientais empregavam com mais frequência essa expressão. Os romanos, pelo menos até o século XI, preferiam o termo Ofício Sagrado ou Divino. A partir de então o uso da palavra *Liturgia* consolidou-se na linguagem religiosa do cristianismo universal.

O que faz uma celebração ser litúrgica?

O escritor brasileiro João Cabral de Melo Neto diz que "é difícil dizer com palavras a vida". Liturgia é vida. Tentamos explicá-la mas nunca ficamos totalmente satisfeitos.

Já vimos e aprendemos que ***uma celebração litúrgica é uma ação de Cristo Sacerdote e de seu Corpo, que é a Igreja.*** Joaquín Madurga, em sua obra *Celebrar a Salvação*, Ed. Paulus, p. 26, diz que uma celebração litúrgica é sempre uma ação de Cristo, que estabelece um culto em plenitude, com dupla vertente:

• **de redenção:** em virtude de seu sacrifício, Deus reconcilia consigo a humanidade;

• **de glorificação:** a humanidade, incorporada por Cristo, oferece nele, com ele e por ele o culto perfeito.

Isso quer dizer que numa celebração litúrgica Cristo, nosso mediador, reza conosco diante do Pai. Ele se torna canal através do qual o Pai nos comunica seus dons, suas graças.

A celebração litúrgica é sempre uma oração oficial da Igreja, uma oração de peso, pois ganha valor infinito no fato de ser assumida por Cristo Sacerdote, cabeça do Corpo Místico. A eficácia da celebração litúrgica não é igualada por nenhuma outra ação da Igreja.

Quando nos reunimos para rezar o Terço, louvamos Nossa Senhora, meditamos os mistérios da nossa redenção, podemos alcançar muitas graças pela fé e piedade demonstradas. Mas o Terço não é uma oração litúrgica, não é especificamente uma celebração sacramental, não é um ato integral de culto exercido por Cristo Cabeça e seu Corpo Místico.

Quando participamos do Grupo de Oração rezamos com muita devoção e nos sentimos confortados pela graça do Espírito Santo. Se estamos verdadeiramente unidos em nome de Jesus, ele está presente em nosso meio (Mt 18,19-20). Mas não é um ato litúrgico, pois não se trata de uma oração oficial da Igreja, ou seja, não é ato sacerdotal de Cristo Cabeça com seu Corpo Místico.

Liturgia segundo o Concílio Vaticano II

Uma celebração litúrgica, segundo definição do Concílio Vaticano II, *é o exercício do serviço sacerdotal de Jesus Cristo, no qual, mediante sinais sensíveis... é realizada nossa santificação; é exercido o culto público integral pelo Corpo Místico de Cristo, isto é, Cabeça e membros* (SC 7).

Quando nos reunimos para rezar em comum, Jesus vem para estar presente em nosso meio. Mas quando participamos de uma celebração litúrgica, *nós é que vamos ao seio do Pai por meio de Jesus Cristo*. Essa é a grande diferença.

Por isso devemos distinguir bem: posso rezar sozinho ou em grupo, mas por mais bela que seja nossa oração, ela não se iguala a uma celebração litúrgica.

Espero que essas colocações tenham despertado em você, leitor, interesse sobre o assunto. Nosso desejo é ajudá-lo a participar mais e melhor da vida litúrgica.

5

RECAPITULANDO

Até aqui estivemos procurando esclarecer alguns elementos básicos que nos ajudassem a compreender o significado da celebração litúrgica. Assim comentamos, por exemplo, os conceitos de:

1. Aliança. Na Bíblia Deus é apresentado como alguém que faz aliança, que é parceiro do ser humano, que é fiel ao povo escolhido e a seu projeto original. Nesse sentido, a criação de Adão e Eva é já a celebração de uma aliança. Depois do Dilúvio o Senhor fez aliança com Noé (Gn 9,8-9.11). Com Abrãao Deus faz aliança e lhe anuncia a terra prometida (Gn 17,2.4). Depois da libertação do Egito, Deus faz aliança com seu povo através de Moisés (Êx 19,3.5-6). O pecado cometido pelo ser humano e pelo povo quebra essa aliança. Por isso, depois de vários anúncios, Deus nos reconciliou com ele e selou uma nova e definitiva aliança em Cristo (Is 55,3; Lc 22,20; Hb 9,15).

2. Sacrifício. Em seu relacionamento com a divindade, desde os primórdios, o ser humano se acostumou a oferecer a Deus algo que representasse a ele próprio e sua vida. Geralmente um animal, cujo sangue derramado servisse de sinal para indicar proteção, libertação (Êx 12,7.13); aliança (Êx 24,8); reconciliação, purificação e expiação (Lv 17,11; Hb 9,22). Oferecer um sacrifício significa "tornar sagrado". A morte de Jesus na cruz foi o sacrifício redentor capaz de salvar toda a humanidade (Ap 5,9).

3. Ritual. No mundo das religiões o rito é uma ação sagrada realizada conforme regras previamente estabelecidas. O conjunto ritual é uma linguagem, é um meio de comunicação e por isso é carregado de símbolos que proporcionam sentido às ações. Não devemos, porém, pensar que ritual é magia, ou seja, desde que realizado provoca necessariamente um efeito. O rito está ligado a uma ação de Deus que quer nos comunicar sua graça, sua vida.

4. Sacramento. Deus se comunica conosco através dos "sacramentos". Sacramentos são sinais sagrados, sinais sensíveis, que nos comunicam bens espirituais: a vida do próprio Deus, seu Santo Espírito, a graça, a vida divina, a salvação.

5. Assembleia. Deus quer que sejamos uma família e por isso constituiu sua Igreja, seu povo, o "rebanho"do qual ele é o Pastor. Assim unidos formamos o Corpo de Cristo. Cristo é cabeça e nós somos os membros.

6. Mediador. Cristo é nosso mediador, sacerdote, pontífice. Ele é o intermediário que faz a ligação da humanidade com a divindade, pois ele representa as duas partes, pois é ao mesmo tempo Deus e Homem.

Concluindo

Com esses elementos bem esclarecidos acreditamos que tenha ficado mais fácil entender o que significa a liturgia que celebramos.

Deus nos criou para que vivamos em comunhão com ele numa relação familiar; por isso ele fez **aliança** conosco. O pecado foi a negação dessa aliança, foi o rompimento dessa amizade, foi separação e isolamento.

Em sua misericórdia, porém, Deus enviou seu Filho Jesus Cristo para que, por meio do **sacrifício** do calvário, fôssemos reconciliados. O **ritual** por meio do qual acontece a nova e definitiva **aliança** é celebrado na Eucaristia, **sacramento** instaurador do Reino.

Na Ceia Eucarística Cristo, **mediador** entre Deus e a humanidade, oferece o culto perfeito que santifica a **assembleia** e glorifica o Pai.

Isso é liturgia: é o exercício do serviço sacerdotal de Jesus Cristo através do qual somos salvos e oferecidos ao Pai, que nos aceita e nos santifica. Por causa do Cordeiro imolado, que se sacrificou por nós, alcançamos graça diante de Deus. Assim, unidos e reconciliados, como povo e como família, adoramos e glorificamos a Santíssima Trindade.

6

O QUE É CELEBRAR?

Sempre que participamos da missa ouvimos palavras como *celebração*, *celebrar*, *celebrante*... Vamos procurar entender bem seu significado.

Recordar atualizando

Os antigos romanos costumavam chamar de "celebre" um caminho que era conhecido por todo o mundo. Uma pessoa se torna célebre quando, por algum motivo, passa a ser conhecida e adquire fama.

Podemos deduzir então que *celebrar* é recordar um acontecimento importante, destacando as principais pessoas que dele tomaram parte e que por isso passaram a ser célebres, conhecidas, famosas.

Geralmente o ato de celebrar é coletivo, feito por várias pessoas, por toda uma comunidade ou mesmo por todo um povo. Quanto mais importância para a vida o acontecimento tiver e quanto mais gente ele atingir, mais "barulhenta" e festiva será a celebração.

Outra palavra muito usada na liturgia e que está muito ligada ao ato de celebrar é **comemorar**, ou seja, recordar, fazer memória. Comemorar é fazer *memória com*, isto é, recordar junto com os outros, pois geralmente a comemoração é um ato comunitário, coletivo.

Na maioria das vezes fazemos festa quando celebramos e comemoramos. Temos em nossa ideia que celebrar é festejar, pois na celebração estão presentes a alegria, o entusiasmo, a emoção, o sentimento.

Pode ser até que a origem do fato que está na base de uma celebração seja de certa forma triste ou dramática. Tiradentes ficou célebre porque foi enforcado. Mas em 21 de abril comemoramos com alegria o mártir da independência, aquele que perdeu a vida na luta pela libertação da nação.

Quando celebramos fazemos memória, isto é, recordamos um fato ou uma pessoa importante. Mas, na liturgia, fazer memória não significa apenas recordar, ter lembrança. Significa viver aquele fato, aquele acontecimento, aquela pessoa. Significa atualizar, trazer o passado para o presente.

Quem é o celebrante?

Outro aspecto interessante na análise do ato de celebrar é *quem celebra? Quem é o celebrante? Ou quais são os celebrantes?*

A celebração litúrgica é essencialmente um ato comunitário. Entretanto, mesmo com a renovação promovida pelo Concílio Vaticano II graças aos documentos sobre a Igreja ("Lumen Gentium") e sobre a Liturgia ("Sacrosanctum Concilium"), ainda percebemos restos de uma mentalidade religiosa individualista e autoritária.

Infelizmente muitos padres ainda não se deram conta de modo suficiente que a celebração não é um ato só do sacerdote. A celebração é um ato da comunidade, da assembleia. O ato litúrgico é expressão de um Corpo. O ministro ordenado, como sinal visível de Cristo, ocupa lugar de destaque, é aquele que "preside". Mas isso não significa que ele possa e deva concentrar em sua pessoa a totalidade da função de celebrar.

O Concílio Vaticano II fez renovação e reforma exatamente porque constatou que havia vários desvios de compreensão. A missa havia sido transformada em uma ação desenvolvida praticamente só pelo padre. Os fiéis apenas "assistiam" à cerimônia. O Padre era e ainda hoje continua sendo chamado de "celebrante", o que não condiz mais com os elementos esclarecidos nos debates conciliares.

Mas não se trata de mudar os conceitos. O que nos preocupa são as atitudes, a mentalidade. Veja o que observa uma experiente e conhecida liturgista a esse respeito:

"O padre continua sendo o único responsável, o único 'celebrante', o único a determinar como serão realizadas as celebrações. O papel dos leigos se reduz a executar... Quando se muda o pároco, muda-se a liturgia: o povo que se adapte" (Ione Buyst, em *Jornal de Opinião*, de 2 a 8/9/2002).

Essa crítica demonstra que ainda é preciso fazer muito para que a renovação desejada pelo Concílio chegue mesmo a ser praticada em nossas comunidades. A celebração litúrgica deve ser expressão de toda a comunidade. Às vezes o padre tem de fazer tudo porque ninguém quer colaborar, ninguém quer ajudar. Para que haja mais colaboradores e participantes é preciso que o padre seja aberto e animador. Mas da parte dos leigos é preciso instruir-se, é preciso viver uma fé viva e corresponsável.

7

COMUNICAÇÃO SIMBÓLICA NA LITURGIA

Maneiras diferentes de celebrar

Quem tem oportunidade de participar de celebrações Eucarísticas em diversas comunidades pode notar que cada grupo possui uma maneira própria de expressar sua fé através da Liturgia. Embora a Igreja zele para que as normas estabelecidas sejam respeitadas e cumpridas, existem particularidades que seguem o jeito de ser de cada comunidade e do padre que a lidera.

Há igrejas em que a celebração é feita com mais barulho (às vezes muito barulho), com gestos e danças de aclamação e louvor. Outras são bem quietas (às vezes quietas demais), mais sóbrias, mais preocupadas com a interiorização. Há comunidades em que a participação das pessoas é maior, graças a equipes de animação bem formadas e conscientes. Existem outras em que as lideranças são cheias de boa vontade, mas faltam formação e adequada orientação, o que pode causar verdadeiros desastres. Enfim, umas comunidades são rígidas e formais; outras mais espontâneas e alegres. Umas demoram muito nas cerimônias; outras são mais breves e concentradas.

A renovação litúrgica

A *Sacrossanctum Concilium*, importante documento sobre a renovação litúrgica da Igreja, já tem mais de 40 anos. Durante esse período muita coisa boa vem acontecendo. Esta é, porém, uma boa ocasião para proceder uma revisão sobre os objetivos propostos pelo Concílio. Será que a "renovação" atingiu mesmo o interior da vida da Igreja e a fé dos cristãos ou ficou apenas nas exterioridades, na simples troca de ritos?

Não é muito agradável para quem ama a Igreja e conhece sua história ter de participar de uma missa "suportando" uma cerimônia quase toda ela baseada numa leitura enfadonha. Os folhetos e livretos litúrgicos têm sua serventia, mas é preciso cuidado para não se cair no formalismo racional e às vezes vazio. Isso acontece quando não se consegue manter um elo de comunicação. Por outro lado, explorar em demasia elementos de emoção e sentimentalismo, desvinculados de compromissos com o Evangelho e com a comunidade, é promover uma religião de consumo, só para atender gostos pessoais nem sempre legítimos.

A linguagem simbólica da missa

A missa é uma oração feita por uma assembleia. Não é uma reza individual; as preces erguidas devem ser expressão de um corpo. Na Liturgia o grupo que celebra precisa saber se comunicar para suplicar, acolher e transmitir bens espirituais.

Qual deve ser então a linguagem mais adequada para esse corpo? Essa é uma questão difícil, mas não podemos ignorá-la. A reforma litúrgica permitiu a celebração da missa na língua falada no país, mas a linguagem da liturgia não se restringe ao idioma. É preciso lidar com a linguagem simbólica, que é muito mais do que falar e entender português.

Como explicar isso? Vamos tentar por meio de um exemplo criado por Ione Buyst, conhecida especialista em liturgia. Ela diz que "uma *ação simbólica* é diferente de uma *ação funcional*. Um cafezinho servido no bar geralmente não passa de uma ação funcional: a pessoa que serve enche a xícara e a coloca frente ao freguês, em troca de dinheiro. Agora, um cafezinho oferecido a uma visita em casa expressa acolhimento, hospitalidade, amizade. No gesto de entregar o café está embutido um sentido maior".

Esse exemplo mostra o que é uma ação simbólica. Ela significa muito mais do que aquilo que se faz, se fala e/ou se lê. Poderíamos dizer então que os símbolos fazem parte de uma linguagem que toca mais fundo nas pessoas, pois é linguagem universal.

Alguns estudiosos costumam distinguir *sinais* e *símbolos*. O sinal indica ou representa outra realidade que está fora. Assim, a bandeira indica ou representa o país. A realidade do país não está na bandeira, mas ao ver a bandeira imagino o país. Já o símbolo, além de indicar uma realidade, nos coloca dentro dessa realidade. Um abraço indica o amor e quem abraça está vivenciando o amor com afeto e carinho.

Para concluir poderíamos fazer algumas perguntas. Você gosta de participar da missa em sua comunidade? O que predomina na celebração: leitura de textos, reflexões, silêncio, cantos, gestos? Você não gostaria de conversar sobre isso com outras pessoas de sua comunidade ou mesmo com o padre?

8

OS SINAIS E OS SÍMBOLOS NA LITURGIA

Nas páginas anteriores iniciamos uma conversa sobre a questão referente à linguagem simbólica na Liturgia. Nosso propósito é ajudar as pessoas e as comunidades a esclarecer o sentido de uma série de gestos e sinais praticados nas celebrações.

Partimos da constatação de que em muitos lugares a maneira de rezar a missa ficou carregada demais com "leituras", prevalecendo portanto uma comunicação muito racional.

Embora esse assunto sobre gestos e símbolos seja muito difícil e complexo, vamos tentar avançar em nossa caminhada.

Liturgia não é somente palavra

A Liturgia não é somente palavra, conversa entre Deus e seu povo. A Liturgia é também ação, é Deus agindo para nos salvar e fazer aliança conosco. Deus age e espera nosso compromisso.

Na Liturgia, a ação de Deus e os dons que ele nos oferece hão de realizar-se por meio de sinais, sobretudo daqueles sinais especiais que chamamos *sacramentos*. Todos se lembram do que foi aprendido no catecismo: *"Sacramento é um sinal visível e eficaz através do qual Deus nos comunica sua graça".*

Eis aqui outra maneira de explicar: *"os sacramentos são as ações fundamentais pelas quais Jesus Cristo nos dá seu Espírito, unindo-nos intimamente a si mesmo e entre nós, constituindo um povo santo que se oferece com ele e nele como oferta agradável ao Pai, para a construção de seu reino"* (Il rinnovamento della catechesi, 87).

Qual a origem dos sinais utilizados na Liturgia?

A maioria dos sinais utilizados na Liturgia são tirados da Bíblia. Por isso, quem não conhece a Sagrada Escritura tem dificuldade para compreender o que significam esses sinais.

Como sinais bíblicos os sinais sacramentais significam a graça que comunicam: a *água* do Batismo não é somente uma água que lava; a *Ceia Eucarística* não é uma refeição qualquer, mas uma refeição histórica, memorial da Páscoa; a *unção do crisma* só pode ser compreendida como o gesto de consagração dos reis e dos sacerdotes do Antigo Testamento.

Em nossas celebrações e orações, por meio dos gestos e das ações, refazemos os gestos e as ações dos que nos precederam na fé desde Abraão. A Liturgia, portanto, reproduz as imagens que a Bíblia revelou serem significativas na história de nossa salvação.

Os sinais podem perder sua força

A compreensão dos sinais litúrgicos pode ficar prejudicada pelas deficiências em sua utilização. Muitas vezes, pela rotina e pela falta de atenção, vamos perdendo a clareza e, consequentemente, os sinais tornam-se vazios. Os gestos precisam ser realizados de modo a serem vistos e compreendidos.

Exemplos: antigamente, durante a celebração, o sacerdote tinha de lavar as mãos, pois recebia pessoalmente as ofertas trazidas pelo povo, que geralmente eram mantimentos e víveres. Posteriormente, com as ofertas em dinheiro, o gesto de lavar as mãos passou a significar purificação interior, reconhecimento da indignidade do ministro e da assembleia.

Só que a rotina e o formalismo acabaram reduzindo o "lavabo" a uma lavadinha minguada das pontas dos dedos, fazendo com que o sinal fique bastante enfraquecido e seu simbolismo escondido. A mesma coisa acontece quando, ao utilizar o turíbulo, por falta de brasas e incenso, se espalha pouca fumaça e nenhum perfume.

Um sinal não precisa ser explicado. Não é normal e chega até a ser irritante ouvir um comentarista descrevendo com todos os detalhes aquilo que todos estão vendo perfeitamente. Pior ainda quando alguém tenta explicar o que está sendo comunicado por meio dos símbolos.

É preciso mais formação religiosa e litúrgica

Mas o que fazer quando as pessoas não entendem os sinais, não compreendem a linguagem dos símbolos? Geralmente são pessoas que não têm formação, não conhecem a Bíblia, não estudaram suficientemente a religião. As pessoas precisam ser mais ativas e ir atrás das explicações, dos significados, do sentido. Não é digno do ser humano "participar" reagindo como se fosse "macaco ou macaca de auditório".

9

GESTOS E POSIÇÕES DO CORPO

Liturgia é ação. Quem está acostumado a só lidar com ideias e conceitos pode ficar admirado e até mesmo desconcertado ao participar de uma celebração. Se a liturgia for autêntica, ela será feita como expressão do ser humano, que é necessariamente corpo e espírito. O culto não pode ser somente oração mental; ele se exprime pelos lábios, se traduz em gestos corporais e por meio de uma série de atitudes.

O marido, quando está longe, pensa no amor que tem por sua esposa. Quando está junto dela, não só pensa, mas fala: "Querida, eu te amo". E não somente diz, mas abraça, beija, faz carinhos. Essa é a maneira de comunicar seu amor. Assim, uma Liturgia puramente espiritual não seria humana.

Posições do corpo na celebração

De início é bom esclarecer que todos os gestos e posições do corpo devem expressar uma atitude interior. Por isso essas ações têm de ser conscientes; devemos saber o que estamos fazendo e por que estamos agindo desse ou daquele modo.

De pé

Estar de pé é atitude litúrgica da mais fundamental significação. É sinal de respeito: ficamos de pé quando queremos honrar uma pessoa. Por isso nos levantamos no momento da entrada e da saída do sacerdote. Ficamos de pé durante a proclamação do Evangelho. Ficar de pé durante uma oração solene, como na prece eucarística, é uma atitude bastante antiga.

Estar de pé é uma atitude tipicamente pascal. Por isso, logo após a consagração, devemos nos levantar para fazer a aclamação: *"anunciamos, Senhor, vossa morte, e proclamamos vossa ressurreição..."*

Ajoelhados

Colocar-se de joelhos é uma atitude penitencial, sinal de humildade e de arrependimento. É mostrar em ação que *"o pecado nos jogou por terra"* (S. Basílio).

Estar ajoelhado pode ser também uma atitude de oração individual para meditar em silêncio uma leitura. Pode ser ainda sinal de adoração: *"dobrar o joelho diante de Deus"* (Ef 3,14).

Sentados

Estar sentado é a atitude típica do mestre que ensina e a do chefe que preside. Sentar-se é bom também para ouvir as leituras (menos o Evangelho), a pregação, os cantos... é bom especialmente para meditar e fazer a ação de graças depois da comunhão.

Inclinados

Inclinar ou curvar a cabeça é uma atitude que se toma antes da bênção. Pode ser utilizada também como sinal de humildade, como sinal de respeito diante do altar ou de alguma imagem. Inclinação pode ser feita ainda durante algumas orações ao serem pronunciados os nomes divinos ou da Virgem Maria. Antes e depois da incensação é costume inclinar a cabeça.

Caminhar em procissão

A procissão, prática popular de muita tradição, lembra que somos todos caminheiros, peregrinos *"nas estradas deste mundo, rumo ao céu".* É muito significativo que à frente do cortejo vai a cruz de Cristo, pois ela abre o caminho para o Reino.

Esse espírito deve nortear a procissão de entrada, a procissão do Evangelho, a procissão do ofertório e a procissão dos fiéis para a comunhão. Instruções da Igreja recomendam que esses deslocamentos sejam realizados com ordem e beleza, sempre acompanhados de cânticos adequados.

Observações práticas

• As atitudes e as posições do corpo devem ser comunitárias e não conforme o gosto de cada um. Não fica bem numa assembleia uns estarem de pé, outros sentados e outros ainda ajoelhados.

• A procissão de entrada pode ser composta do presidente, outros ministros, acólitos e leitores. Seria conveniente incluir também algumas pessoas que seriam representantes da assembleia. Evitar que a entrada pareça um cortejo teatral, separando um bloco do outro.

• O fluxo dos fiéis em direção à comunhão deve respeitar a mão de ir e a mão de vir; ir pelo corredor central e voltar pelas laterais, evitando congestionamento. Ao retornar a seus lugares os fiéis devem permanecer assentados. Ajoelhar-se nesse momento pode inclusive atrapalhar os outros.

10

GESTOS LITÚRGICOS

Continuando nossa reflexão vamos procurar entender agora os *gestos litúrgicos*. Já percebemos que além da comunicação feita através do que se fala e do que se lê, existe na liturgia comunicação por meio dos sinais, dos gestos.

Entre os gestos usados há alguns que são simplesmente por necessidade, como lavar as mãos depois de receber as ofertas. Há gestos que já existiam nas sociedades antigas e que foram introduzidos nas cerimônias cristãs, como por exemplo estar de mãos postas, que expressa a homenagem do súdito diante de seu soberano.

Mas o que nos interessa comentar aqui são os gestos criados ou assumidos especificamente pelos cristãos, sobretudo aqueles cuja significação é tirada da Bíblia.

O sinal da cruz

Traçar o sinal da cruz na testa de quem estava se preparando para receber os sacramentos da iniciação (Batismo, Crisma e Eucaristia) era prática comum na Igreja primitiva. Era como um selo invisível que marcava a pessoa para pertencer a Cristo.

O sinal da cruz é feito pelos cristãos com muita frequência. É utilizado também no sentido de bênção e até de exorcismo, para afastar maus espíritos.

É importante fazer o gesto com consciência e não com banalidade. A cruz deve ser traçada com a mão direita espalmada, tocando a testa, o ventre, o ombro esquerdo e finalmente o ombro direito. A oração dita ou pensada é das mais significativas: "Em nome do Pai, do Filho e do Espírito Santo". É principalmente por isso que nem o gesto nem a oração podem ser banalizados.

Traçar o sinal da cruz sobre pessoas e objetos tem também a intenção de santificar, consagrar. Na celebração da Eucaristia observamos o sacerdote fazendo gestos de cruz sobre o pão e o vinho. Antes do Evangelho o ministro faz uma cruz sobre a página do livro e a assembleia é convidada a persignar-se, ou seja, traçar com o dedo polegar da mão direita três cruzes: uma sobre a testa, outra sobre a boca e a terceira sobre o peito.

O "Pelo Sinal", normalmente, se diz com a oração tradicional: "Pelo sinal da Santa Cruz, livrai-nos Deus, nosso Senhor, dos nossos inimigos". Mas antes do Evangelho não se reza essa fórmula; apenas se faz o gesto. O ideal seria rezar mentalmente pedindo que o Evangelho que vai ser lido penetre em nossa mente, esteja em nossa boca em forma de anúncio, mas sobretudo em nosso peito, em nosso coração, para ser a essência de nossa vida.

Bater no peito

O gesto de *bater no peito* exprime o arrependimento pelos pecados cometidos. No rito penitencial, quando rezamos o "Eu pecador...", batemos no peito ao dizer: "por minha culpa, minha tão grande culpa". É sinal de humildade, como vemos na parábola do publicano e o fariseu (Lc 18,13). Note ainda que as testemunhas da crucificação, percebendo o mal que fora praticado, bateram no peito (Lc 23,48).

Levantar os olhos para o céu

O gesto de elevar os olhos aos céus vem do próprio Jesus. É tradição antiga localizar o céu como algo que existe acima deste nosso mundo. Portanto, é um gesto de quem se dirige ao Pai do Céu (veja Mt 14,19; Jo 11,41; e Jo 17,1).

Mãos elevadas e estendidas

Erguer e estender as mãos é gesto que significa atitude de oração. Já era um costume judaico, mas os cristãos deram-lhe um novo sentido. A palma da mão é uma das partes mais sensíveis de nosso corpo; estar com as mãos erguidas e estendidas em direção ao céu é como estabelecer uma comunicação com Deus (antena parabólica para emitir e receber). Moisés rezou com os braços levantados e estendidos (veja Êx 17,9-14). Cristo nos salvou levantando e estendendo as mãos na cruz.

Beijo e/ou abraço da paz

Segundo os costumes judaicos estar ao redor de uma mesa para uma refeição supõe que haja comunhão de vida entre as pessoas. Por isso Jesus foi criticado pelos fariseus quando sentou-se à mesa com pecadores e publicanos, gente considerada impura.

Na Igreja nascente nem tudo era perfeito. São Paulo, em suas cartas, recomenda com insistência às comunidades que, em suas reuniões, saúdem-se uns aos outros com o beijo (ósculo) da paz. Para entender bem esse gesto leia os seguintes textos: Mt 5,23-24; 1Cor 11,17-18; Rm 16,16.

11

VESTES E CORES LITÚRGICAS

Chegou agora a vez de comentarmos o significado das vestes e das cores litúrgicas, assunto sobre o qual as pessoas manifestam muita curiosidade.

Vestes dos fiéis

Participar da Eucaristia exige muito respeito, pois pela fé sabemos que se trata de uma das ações mais nobres e relevantes da Igreja. Devemos pois expressar essa convicção por meio de nosso comportamento e também de nosso modo de vestir.

Quando eu era menino meus pais recomendavam com insistência que para ir à Missa era preciso colocar roupa limpa, calçados engraxados e estar com os cabelos bem penteados. Era comum ouvir entre as pessoas simples: "Você está chique hoje!... botou roupa de Missa?". Em muitos lugares é assim até hoje: as melhores roupas são reservadas para usá-las aos domingos.

As primeiras referências sobre trajes já aparecem nas cartas do apóstolo São Paulo. Diz ele que os homens não podem participar do culto tendo a cabeça coberta; já as mulheres, ao contrário, devem estar sempre com a cabeça coberta (veja 1Cor 11,1-16). Os estudiosos não conseguiram ainda descobrir de onde veio esse costume, que vigorou até o século XX e hoje caiu em desuso.

Nos primeiros séculos, os adultos que eram batizados na solene vigília pascal usavam túnicas brancas, mantendo essa mesma veste durante toda a oitava da Páscoa.

Vestes dos sacerdotes e ministros

Os sacerdotes nas comunidades primitivas usavam roupas comuns. Era distinto apenas o lugar que eles ocupavam no recinto onde se realizavam as cerimônias. Com o tempo foi surgindo a necessidade de os ministros ordenados usarem vestes diferentes daquelas do uso cotidiano. Começou a haver então um cuidado especial quanto à confecção dos trajes e à beleza dos tecidos.

Depois de longa evolução e integração de costumes regionais, hoje podemos destacar as seguintes vestes:

* **Túnica** – veste longa, branca, cobrindo desde o pescoço até os pés. Pode ser apertada em torno dos rins com um cordão chamado *cíngulo,* mas normalmente a túnica já é feita com algum tipo de ajuste.

* **Estola** – faixa de mais ou menos quinze centímetros de largura, colocada em volta do pescoço e caindo sobre o peito. Segue as cores litúrgicas. O diácono usa a estola colocada sobre o ombro esquerdo e atravessada no peito e nas costas, fixada no lado direito da cintura.

* **Casula** – vestimenta própria do sacerdote, colocada sobre a túnica e a estola, feita geralmente de tecido leve e vistoso, conforme a cor litúrgica.

Os outros ministros que prestam serviços na celebração podem usar, *túnicas, batinas* ou *jalecos*, dependendo do tipo de função que exercem. Os mais antigos certamente se lembram de outras peças que pouco a pouco foram sendo abolidas, como *amito, manípulo, alva, sobrepeliz, gibão* ou *cota.*

As vestes litúrgicas chegaram a ser *paramentos*, ou seja, ornamentos de alto valor material e artístico, pois sua confecção era carregada de bordados, desenhos, ouro e pedras preciosas.

A reforma feita pelo Concílio Vaticano II vem tentando eliminar os exageros. A Igreja deseja que as vestes sejam feitas com arte, sim, mas também com muita simplicidade. Os paramentos devem contribuir para a beleza da ação litúrgica, pois sabemos que o ministro ordenado age *in persona Christi*, ou seja, como sinal do próprio Cristo. Assim, as vestes indicam quem é o sacerdote e o que deve transparecer através dele.

As cores litúrgicas

Nós já estamos acostumados a entender o ano litúrgico, em seus diferentes ciclos, como marcha de um povo rumo ao Reino definitivo. Nesse contexto, as cores litúrgicas servem como sinais luminosos que avisam sobre alguma característica própria dos mistérios de nossa fé.

* **Branca** – a mais tradicional, pois lembra a cor das vestes de Cristo transfigurado, dos anjos em suas aparições, dos resgatados pelo sangue do Cordeiro. É a cor das festas: tempo da Páscoa, do Natal, das comemorações de Nossa Senhora e dos Santos.

* **Vermelha** – a cor do fogo do Espírito Santo e do sangue dos mártires.

* **Verde** – a cor da esperança, usada no tempo Comum.

* **Roxa** – a cor da dor e da penitência, usada no tempo do Advento e da Quaresma, ou nas missas pelos defuntos.

As vestes e as cores litúrgicas podem nos ajudar a exprimir sentimentos da alma e da fé. Criam um clima de alegria ou de compenetração que permitem à assembleia manifestar-se como povo vivendo historicamente a salvação.

12

AINDA OS SINAIS
E SÍMBOLOS LITÚRGICOS

Deus é espírito, e a criatura humana, feita a sua imagem e semelhança, é constituída de matéria e espírito. Em sua comunicação com a divindade as pessoas se servem de elementos materiais para expressar simbolicamente a comunhão.

* *Pedras e altares consagrados*

O povo hebreu aprendeu a ver em certos elementos materiais símbolos das relações de Deus e seu povo. Assim, a colocação de uma pedra num determinado lugar, sobre a qual se derramava um pouco de óleo, servia de lembrança do encontro divino (ler Gn 28,18). Pedras especiais eram escolhidas e destinadas à edificação de altares sobre os quais eram depositadas as vítimas do sacrifício (ler Dt 27,5-8).

* Incenso

O incenso, que é uma resina extraída de algumas espécies de árvores, quando queimado faz subir uma fumaça de aroma agradável. Sua utilização sugere o desejo de que as orações e oferendas cheguem até Deus (ler Sl 140,2).

* Água, cinza, pó e sal

A água é frequentemente utilizada nas purificações rituais; a cinza ou o pó colocado na cabeça é sinal de penitência (ler Jt 4,15). O sal indica aliança de Deus, serve para purificar as ofertas (ler Lv 2,13) e também para curar as águas (ler 2Rs 2,20).

* Símbolos da Nova Aliança

O próprio Jesus, e também a Igreja, fazem de certos elementos materiais símbolos da Nova Aliança, porém, plenos de sentido e eficácia: o pão, o vinho, a ceia, o óleo, a água, o fogo, a luz etc. Esses sinais sacramentais materializam de alguma forma, na liturgia, imagens do Antigo e do Novo Testamento, por meio dos quais os ritos se tornam ações de salvação.

Escolhemos alguns desses símbolos para nossos comentários. Destacaremos a **luz**, o **incenso**, a **água benta** e o **altar** devido a seu uso generalizado na liturgia.

A luz

A *luz* nos oferece vários elementos de simbolismo. O sol, sem dúvida, com sua luz e seu calor, ocupa um grande lugar, pois os primeiros cristãos logo se acostumaram a se lembrar de Cristo, o Sol da Justiça, nos momentos do nascente, do meio-dia e do poente.

É importante considerar que, no paganismo romano, o sol era considerado uma divindade e a festa do Natal foi justamente a maneira de a Igreja enfrentar a tradição que cultuava o deus sol em 25 de dezembro.

Mencionemos aqui o papel das lâmpadas, das tochas e das velas. Na tenda, diante do Senhor, ardia uma chama perpétua de óleo virgem (ler Êx 27,20-21). A luz presente nos encontros cristãos é como que um prolongamento das tradições judaicas, tanto na sinagoga quanto na liturgia familiar. Acender uma luz, de vela ou lamparina, no momento em que cai a noite, inspirou aos cristãos belíssimas orações. Esse costume deu origem ao círio pascal.

A luz não é somente símbolo de Cristo, mas também da alegria, da fé, da oração que testemunha ou para a qual convida. A luz aparece junto ao túmulo dos mártires, diante dos altares, das imagens e quadros dos santos, e principalmente, próxima do Santíssimo Sacramento.

A liturgia pascal, uma das mais belas e expressivas, carrega bastante sentido na cerimônia do círio pascal, *Lumen Christi* (Luz de Cristo - grande vela acesa com fogo novo, simbolizando a Ressurreição). Daí vem, em consequência, o simbolismo da vela do batismo.

Velas acesas servem também para formar uma escolta de honra. Antigamente, quando o bispo chegava para a celebração, dois acólitos caminhavam a seu lado levando os castiçais, e quando o cortejo chegava ao altar as velas ficavam ali como adorno do lugar. É esse também o sentido atribuído à procissão do Livro do Evangelho ou quando se proclama solenemente sua leitura.

O altar

O que significa o altar para os cristãos? Após a reforma da Liturgia, promovida pelo Vaticano II, o altar voltou a ter uma aparência de mesa. Sobre o altar o corpo e o sangue de Cristo, alimento e bebida eucarísticos, são oferecidos. Portanto, o altar está intimamente ligado com o acontecimento da Cruz, onde Jesus foi imolado.

Na antiga aliança o sangue dos animais sacrificados, derramado no altar, era oferecido para adorar e louvar a Deus e pedir-lhe perdão. Sobre um altar de pedra eram colocadas as oferendas agradáveis a Deus.

Em nossas igrejas o altar é símbolo de Cristo, que é ao mesmo tempo *sacerdote, altar e vítima* de seu próprio sacrifício. Precisamos ter cuidado para não fazer do altar uma mesa qualquer. O altar é um símbolo que merece veneração e respeito. Por isso o sacerdote beija o altar no início e ao final da missa. Nas celebrações solenes o altar é incensado e as pessoas, ao passarem diante dele, inclinam-se com reverência, pois ele representa o próprio Cristo.

Nós, unidos ao Cristo Místico, devemos em nossa vida ser *altares vivos* fazendo de nosso testemunho um sacrifício espiritual agradável a Deus.

O incenso

O incenso, como já vimos, é um símbolo da oração e representa nossas preces e oferendas que sobem até ao trono de Deus. O ritual judaico prescrevia que no Templo, sobre um altar de ouro, todas as manhãs e tardes fosse queimado incenso como oração de louvor dirigida a Deus (veja Apocalipse 8,3-5).

O incenso tem ainda o sentido de veneração e por isso é colocado diante dos quadros e imagens. Nos cortejos solenes, sobretudo quando participam o papa e os bispos, o incenso demonstra honra e homenagem. Como consequência, nas missas solenes, o livro do Evangelho é incensado antes de ser lido. No momento do ofertório as oferendas de pão e vinho são incensadas, para que sejam assim aceitas e agradáveis a Deus Pai.

A água

A água é um dos símbolos mais fortes e mais significativos. Sem água não há vida; ela dá fecundidade, serve para purificar, sacia nossa sede e refresca nosso corpo. Canalizada ou represada, pode adquirir/gerar força e energia. A água pode servir tanto para matar e destruir quanto para germinar e vivificar.

Diante de tudo isso pensamos no ritual de nosso batismo. O fiel que se deixa submergir e que depois é reerguido das águas, passa da morte para a nova vida em Cristo ressuscitado. A água batismal nos lava e purifica do pecado. A água batismal é sinal da fecundidade do Espírito Santo que nos faz novas criaturas.

Seria interessante analisar as muitas passagens da Sagrada Escritura nas quais a água aparece como prefiguração do batismo: dilúvio, passagem pelo Mar Vermelho, água que brota da rocha em pleno deserto, água do rio Jordão, água do poço onde estava a Samaritana, água da piscina de Siloé e, por fim, água que brota do lado de Jesus, aberto pela lança.

A água teve uso frequente nas religiões desde a antiguidade. Santificada por orações da Igreja, a água, na qual se mistura um pouco de sal (veja 2Rs 2,20-22), é usada sobretudo para exorcizar e purificar. Para quem não sabe, exorcismo é um ritual religioso com orações apropriadas para expulsar o demônio, o mal, o pecado, a doença etc. Por isso, muita gente procura a "água benta", que é um sacramental. Nas celebrações litúrgicas a Igreja costuma utilizar o ritual da aspersão como sinal de penitência, purificação e renovação das promessas do batismo.

13

OBJETOS UTILIZADOS NA EUCARISTIA

A Eucaristia é um sacramento, ou seja, através de ações e gestos, que são *sinais* eficazes, Deus nos comunica sua graça e os fiéis prestam culto à Santíssima Trindade.

A Ceia Eucarística, sacramento maior de nossa fé, centro de onde brotam todos os outros sinais, quer reviver uma memória e celebrar uma aliança. Quando pessoas de fé se reúnem ao redor da mesa, comem, bebem, conversam, rezam, cantam, partilham... elas anunciam a morte de Jesus, proclamam sua Ressurreição e aguardam na esperança os tempos definitivos.

Nessa refeição sagrada cabe destacar alguns utensílios, santificados e reservados para tão nobres funções. Se o pão e o vinho são os sinais escolhidos, patena e cálice ocupam lugar privilegiado.

Patena

A *Patena* é um pratinho, geralmente feito de metal dourado, requerido para a celebração da missa e que serve para acolher, oferecer, consagrar, distribuir e consumir o "pão do céu". Na prática, nela é colocada a hóstia grande do padre. Mas seria mais significativo se ela fosse de maior dimensão, podendo acolher tanto o pão para o sacerdote quanto para os demais ministros e fiéis.

Cálice

O *Cálice* é um copo com pé, com interior dourado ou prateado, liso e resistente de tal modo que não absorva líquido. Pode ser de metal ou de vidro. É utilizado na missa para conter, oferecer, consagrar e consumir o vinho. O ideal seria que os participantes comungassem do mesmo e único cálice, pois este é, além de tudo, símbolo da unidade da Igreja.

O Cálice é também um sinal bíblico do sofrimento, sobretudo da paixão de Cristo (Mt 20,22; 26,39), e ainda do exercício da justiça de Deus que vem para recompensar ou para punir (Sl 75,8-9).

Custódia

Existem outros vasos sagrados destinados a receberem e guardarem as hóstias consagradas. São as *Custódias*, as *Âmbulas* e os *Cibórios*. Podem servir apenas nas celebrações, quando a distribuição da comunhão for feita para muita gente, o que requer maior número de ministros; ou para guardar o Santíssimo Sacramento como reserva no Sacrário.

Esses recipientes geralmente são arredondados, com pezinho e tampa, lisos em seu interior. Quando estão sendo utilizados para guardar as hóstias consagradas, devem estar revestidos com um véu.

Os vasos menores, com formato redondo e achatado, podem servir para levar comunhão aos doentes *(Teca e Píxide)*.

Ostensório

O *Ostensório* é um objeto feito geralmente de metal, no formato de um sol com seus raios flamejantes, em cujo centro é colocada a Hóstia Santa para a veneração e adoração dos fiéis. É utilizado nas bênçãos solenes do Santíssimo Sacramento e nas procissões de Corpus Christi.

Corporal

O *Corporal* é um quadrado de linho branco, engomado e dobrado para dentro, formando vinco em nove partes iguais. Estendido na parte central do Altar, sobre ele são colocados a Patena com o pão, o Cálice com o vinho e as Âmbulas com as partículas.

Sanguíneo

O *Sanguíneo* é um paninho de tecido leve, dobrado em três partes, que se destina à purificação do Cálice, para enxugar os dedos e os lábios do sacerdote e para absorver eventuais gotinhas do precioso Sangue de Cristo.

Pala

A *Pala* é um quadrado pequeno de plástico ou papelão, revestido de tecido branco e engomado, que serve para cobrir a boca do Cálice quando este está depositado sobre o altar.

Todos esses objetos são confeccionados com arte e materiais nobres. São santos em vista de seu uso sagrado, e por isso devem ser reservados para uso exclusivo. Essas considerações devem nos levar a amar cada vez mais a Eucaristia e celebrar a Liturgia de modo participativo e cada vez mais consciente.

Nossa curiosidade de querer saber todos os detalhes das cerimônias, o nome e a utilidade de cada objeto, deve nos remeter sempre a Jesus que instituiu a Eucaristia a fim de que tivéssemos comunhão com Deus e com os semelhantes, por meio dele. Por isso, tudo é belo e harmonioso.

14

A MÚSICA E O CANTO NA LITURGIA

O que a reforma litúrgica determinou sobre o canto?

A constituição *Sacrosanctum Concilium*, sobre a reforma litúrgica, procurou preservar e aprimorar a prática do canto nas celebrações. Podemos sintetizar assim seus ensinamentos sobre o canto sacro:

• O canto exprime mais suavemente a oração, favorece a unanimidade e dá maior solenidade aos ritos.

• Sejam incentivados cânticos novos, modernos e populares, tomando-se o cuidado de que estejam em harmonia com o espírito da ação litúrgica. O canto será tanto mais precioso quanto mais estiver ligado à ação litúrgica.

• As letras dos cantos devem ser conformes à doutrina católica, tirados principalmente da Sagrada Escritura e das fontes litúrgicas.

• Nos lugares onde exista uma tradição musical própria, a qual desempenha importante função na vida religiosa e social, o canto deve merecer a devida atenção. Essa seria uma das maneiras de se adaptar o culto à mentalidade das pessoas.

• É preciso insistir para que, nas celebrações com canto, toda a comunidade dos fiéis possa oferecer a participação que lhe é própria.

(Confira na Sacrosanctum Concilium 112, 114, 116, 118, 119 e 121).

Como escolher os cânticos para a celebração?

Se você valoriza o canto nas celebrações, se você se preocupa com esse aspecto do culto em sua comunidade e quer mais algumas orientações práticas, veja então como aplicar os ensinamentos do Concílio. Vamos transcrever aqui um texto do *padre José Ulysses da Silva, C.Ss.R.*, formado em Liturgia.

• Escolha os cânticos que se dirigem à Trindade, principalmente ao Pai, para louvar, agradecer e suplicar.
• Evite *os cânticos dirigidos a Maria Santíssima e aos Santos, a não ser no final das celebrações.*

• Escolha os cânticos de diálogo com a Trindade, principalmente com o Pai.
• *Evite os cânticos com letras catequéticas e/ou moralizantes.*

• Escolha os cânticos que expressam os temas das leituras da Liturgia da Palavra ou da festa que está sendo celebrada.
• *Evite os cânticos aleatórios, que podem até distrair do que está sendo celebrado.*

• Escolha os cânticos que exprimem a presença da Comunidade, compostos na primeira pessoa do plural ("nós", "nosso").
• *Evite os cânticos na primeira pessoa do singular ("eu", "meu", "minha"), intimistas, individualistas, a não ser quando inserem o "eu" e "meu" na Assembleia, como "O Povo de Deus".*

• Escolha os cânticos já conhecidos para que a maioria dos presentes possa cantar rezando junto; não introduza mais do que um cântico novo por vez.

• *Evite apresentar somente cânticos novos, difíceis, em tonalidade inacessível para o povo, que roubam o direito que a assembleia tem de cantar.*

• Escolha nos cânticos as estrofes suficientes para acompanhar o momento da celebração, para celebrar cantando.

• *Evite prolongar desnecessariamente o cântico, prolongando o ritmo próprio de cada momento da celebração.*

• Escolha cantar a celebração mais do que cantar durante a celebração, isto é, cantar as Aclamações, os Aleluias, os Responsórios, o Santo, o Glória, o Cordeiro de Deus.

• *Evite encher a celebração de cânticos, prolongando desnecessariamente a celebração e quebrando seu ritmo litúrgico.*

• Faça com que o Coral sirva de apoio, que incentiva a participação ativa de toda a comunidade no Canto, ainda que seja apenas através de refrões.

• *Não permita que o Coral, durante as celebrações, use da Igreja como palco para dar show, com cânticos desconhecidos da maioria dos fiéis.*

Essas orientações práticas estão sendo muito necessárias e muito bem-vindas. Há muita gente com boa vontade, mas sem conhecimento e sem orientação. É preciso garantir que nossas celebrações favoreçam uma participação consciente, prazerosa e ativa. Cantar é bem próprio da alma brasileira.

15

O ANO LITÚRGICO

Após a Ressurreição de Jesus, sua ascensão ao céu e a vinda do Espírito Santo, começou o tempo da Igreja. As comunidades primitivas, lideradas pelos apóstolos, cumpriam a ordem dada pelo divino redentor: pregavam, batizavam os convertidos e celebravam a "fração do pão" (*"Fazei isto em memória de mim" – Lc 22,19*).

Como surgiu o ano litúrgico?

A Eucaristia era a celebração que fazia memória da salvação. Desde o início ela era celebrada no domingo, que passou a ser o "dia do Senhor", pois foi no primeiro dia da semana que Jesus ressuscitou. Cada domingo era como se fosse dia de Páscoa.

Com o passar do tempo e crescendo o número dos cristãos, havendo no seio das comunidades muitos judeus convertidos, foi instituída a celebração da Páscoa anual. Essa celebração, com ritos mais solenes, e que já era tradição antiga do povo hebreu, ganhou novo sentido, pois Jesus é o verdadeiro cordeiro pascal.

O lugar da celebração do Batismo

A estruturação das normas da Igreja, e de modo especial a prática do Batismo ministrado aos adultos convertidos, fizeram surgir o catecumenato. Os catecúmenos, candidatos ao Batismo, passavam por um longo período de preparação e provação. Em consequência disso surgiu a Vigília Pascal, noite repleta de ritos, de abundante escuta da Palavra e de preces intensas, integrando as cerimônias do Batismo e da Eucaristia, na celebração da grande Páscoa.

O desenvolvimento seguinte estabeleceu a criação do Tríduo Pascal, ou seja, a celebração anual estruturada com as memórias da Santa Ceia, da Paixão e da Solene Vigília da Ressurreição.

A Quaresma surgiu como maneira de dar um coroamento à longa preparação dos catecúmenos para o Batismo, envolvendo também toda a comunidade, que assim poderia renovar sua fé e seus compromissos batismais, celebrando intensamente os mistérios centrais da fé, ou seja, participando da morte e ressurreição de Cristo.

Vemos então que a partir da simples "Fração do Pão" celebrada aos domingos a Igreja foi estruturando sua liturgia até montar o que chamamos de Ciclo Pascal, que constitui o centro das celebrações do ano. Assim temos, já no final do século IV:

Ciclo da Páscoa:

a) Tempo da Quaresma: Quarta-feira de Cinzas e mais cinco semanas.

b) Semana Santa: Domingo de Ramos, Santa Ceia, Paixão e Sábado Santo.

c) Tempo Pascal: Vigília mais sete semanas, incluindo a Oitava da Páscoa e culminando com os Domingos da Ascensão e de Pentecostes.

As comemorações dos santos e da Virgem Maria

A celebração da memória de Jesus, que livremente se imolou no altar da cruz para nossa salvação, inspirou a comemoração litúrgica dos santos mártires. Homens e mulheres que foram capazes de testemunhar a fé, derramando o próprio sangue para proclamar o Reino, foram incluídos na memória eucarística. Desde o final do século II as comunidades celebravam Estêvão, Tiago, Pedro e Paulo, André, Inácio. Logo em seguida vieram Inês, Cecília, Anastácia, Lino, Cleto, Clemente e muitos outros.

Comemorações especiais de Maria vieram mais tarde, lá pelo século V. Isso porque o culto a Nossa Senhora estava unido ao de seu Filho Jesus. Além disso, não havia definição sobre como teria sido o final de seus dias: foi martirizada? Simplesmente morreu? Foi elevada ao Céu de corpo e alma? O certo é que a primeira festa mariana foi a que exaltava Nossa Senhora como Mãe de Deus.

A celebração da Encarnação do Verbo

Não é difícil imaginar como o mistério da encarnação do Verbo veio ocupar lugar de destaque na espiritualidade dos primeiros cristãos. A contemplação do grande amor de Deus que para salvar envia seu Filho ao mundo, é fonte inesgotável de fecundidade mística. Ela gera disposição para responder amorosamente a esse Deus que busca comunhão e oferece redenção.

Profecias falavam da vinda do Messias como a chegada de uma grande luz afugentando as trevas. O nascer do astro rei, o sol levante de cada manhã, foi-se confirmando como imagem típica da esperança e do cumprimento das promessas:

Graças ao coração misericordioso de nosso Deus, que envia o sol nascente do alto para nos visitar, para iluminar os que estão nas trevas, na sombra da morte, e dirigir nossos passos no caminho da paz *(Veja o canto de Zacarias em Lucas 1,78-79).*

O Natal do Senhor

O cristianismo, mesmo quando era barbaramente perseguido, foi se alastrando cada vez mais no interior do glorioso império romano, que tinha no panteão de seus deuses um lugar para o Deus Sol, celebrado no dia 25 de dezembro. Por isso, essa data foi assumida para a comemoração do Natal, sobretudo depois da conversão do imperador Constantino, quando o cristianismo passou a ser a religião oficial dos romanos. Assim, o nascimento de Jesus significa o aparecimento do verdadeiro Sol da humanidade.

Como aconteceu com a grande solenidade da Páscoa, o Natal também passou a ter uma etapa de preparação: o Advento, composto de quatro semanas. Nesse tempo se vive num clima de expectativa, revivendo a espiritualidade dos profetas, preparando a vinda do salvador e já procurando enxergar a segunda vinda de Cristo.

Nesse tempo, Maria é venerada e vivida como modelo de fé, de esperança e de disponibilidade: "Faça-se em mim segundo a tua Palavra" (Lucas 1,38).

O Natal adquiriu importância tanto quanto a Páscoa. Pouco a pouco a solenidade foi merecendo o mesmo tipo de prolongamento, com a incorporação, no calendário, da festa da Sagrada Família, de Santa Maria Mãe de Deus e da Epifania.

Assim, o ano litúrgico possui basicamente dois ciclos: o da Páscoa e o do Natal. O tempo restante, entre a Epifania e a Quaresma, mais as semanas entre Pentecostes e Cristo Rei, forma o Tempo Comum, num total de 34 semanas.

Visão de conjunto

A grosso modo percebemos que na primeira metade do ano litúrgico celebramos Deus que vem salvar e dar a vida pela humanidade: Advento, Natal, Epifania, Quaresma, Páscoa e Pentecostes. Na segunda metade, no tempo chamado comum, procuramos celebrar nossa resposta a esse Deus Amor que se ofereceu por nós. Nossa resposta vai acontecendo na medida em que nos convertemos e aprofundamos a fé à luz da Palavra, tentando viver e implantar as realidades do novo reino.

As comemorações de Maria e dos Santos

No ciclo anual, a Igreja, celebrando o mistério de Cristo, venera também com amor a Santa Virgem Maria e propõe à piedade dos fiéis a memória dos Mártires e outros Santos. O dia da comemoração do santo é o dia de sua morte, isto é, o dia de sua glória, pois marca sua ida para junto de Deus para viver com ele por toda a eternidade. O Calendário da Igreja tem uma variedade de santos para cada dia e por isso as celebrações obedecem a uma certa ordem, dentro de alguns critérios:

• Santos de importância universal são celebrados obrigatoriamente em toda a Igreja.

• Os outros são inscritos no calendário para serem celebrados facultativamente ou deixados ao culto da Igreja local, da nação ou da família religiosa a que pertencem.

• As comemorações são classificadas segundo uma ordem de importância: Solenidades, Festas e Memórias.

Já vimos então como surgiu o ano litúrgico. Vimos que ele foi sendo estruturado e organizado a partir da grande celebração anual da Páscoa. Na sucessão das estações e no retorno contínuo das diversas celebrações do mistério da salvação, vivemos e crescemos lentamente na espiral dos Ciclos do Natal, da Páscoa e do tempo Comum.

As festas de Maria e dos Santos

Recheando e enfeitando esse magnífico bolo, temos as comemorações da Virgem Maria e dos Santos. Já tivemos oportunidade de comentar que Nossa Senhora sempre esteve intimamente associada ao mistério do Salvador e por isso sempre foi celebrada juntamente com seu Filho. Mas a partir do século IV, com o desenvolvimento da reflexão sobre o papel de Maria na obra da redenção e da Igreja, suas festas e solenidades foram se consolidando. Assim, as principais comemorações da Santíssima Virgem foram espalhadas no decorrer de todo o ano:

- Santa Maria, Mãe de Deus – Dia 1º de janeiro
- Anunciação do Senhor (Nossa Senhora da Anunciação) – Dia 25 de março (nove meses antes do Natal)
- Nossa Senhora da Visitação – 31 de maio
- Assunção de Nossa Senhora – 15 de agosto
- Natividade de Maria – 8 de setembro
- Imaculada Conceição de Maria – 8 de dezembro

Além dessas existem muitas outras comemorações marianas que celebram fatos da vida de Nossa Senhora (*Apresentação*), títulos de honra (*Nossa Senhora da Paz*) ou recordação de suas aparições (*Nossa Senhora de Lourdes, de Fátima, de Guadalupe e Aparecida*).

A revisão do calendário litúrgico

Vimos também que o calendário registra grande quantidade de santos canonizados, ocorrendo às vezes mais de 10 comemorações num único dia. Pois bem, aqui o Concílio Vaticano II procurou fazer uma reforma bastante vigorosa. As celebrações dos santos estavam ocupando demasiadamente os espaços do ano litúrgico, chegando a ameaçar o brilho e a importância das celebrações dos mistérios de Cristo e da Igreja, sobretudo naquilo que é próprio de cada tempo.

Eis o que diz a *Sacrosanctum Concilium*, documento que impulsionou a reforma da liturgia católica, em seu número 108: *"as atenções dos fiéis sejam dirigidas principalmente para as festas do Senhor, nas quais se celebram, durante o ano, os mistérios da salvação. Assim, o Próprio do Tempo (Advento - Natal - Quaresma - Páscoa) obtenha seu devido lugar acima das festas dos Santos, a fim de que o ciclo integral dos mistérios da salvação seja convenientemente recordado".*

Portanto, as festas dos Santos não devem prevalecer sobre as que recordam os mistérios da salvação. Quando a data de comemoração de um santo cair num Domingo, prevalece a liturgia do Domingo, salvo algumas poucas exceções. Somente os Santos que manifestam de fato importância universal são classificados como "Memória Obrigatória". Os demais podem ser comemorados nas Igrejas locais, em sua nação ou em sua família religiosa, mas são classificados como "Memória Facultativa".

As celebrações de primeira linha

Uma **Solenidade** ou um Domingo são considerados como dia litúrgico de primeira classe: na missa são feitas 3 leituras, reza-se o Glória e faz-se a Profissão de Fé.

Uma **Festa**, como a Exaltação da Santa Cruz ou a comemoração do Apóstolo São Mateus, é considerada como dia litúrgico de segunda classe: na missa as leituras são próprias e reza-se o Glória.

Uma **Memória** é considerada como dia litúrgico de terceira classe: na missa, a comemoração do Santo é feita com orações próprias, mas as leituras geralmente seguem o *Lecionário* contínuo, isto é, textos da Sagrada Escritura lidos em sequência.

16

ESPIRITUALIDADE LITÚRGICA

Desta vez vamos comentar algo mais interior e escondido, mas igualmente importante e necessariamente presente em nossas celebrações. Vamos falar alguma coisa sobre a espiritualidade litúrgica.

Entendendo as palavras e os conceitos

Já ouvi e li tantas vezes a palavra *espiritualidade*, mas confesso que não sei bem o que ela significa. Essa palavra tem vários sentidos, dependendo do lugar onde ela aparece. Quero refletir, primeiramente para mim mesmo, e depois, se for o caso, ajudar você a compreendê-la.

Espiritualidade vem da palavra: "*espírito*". Espírito em latim quer dizer sopro, vento. Na Bíblia, a vida é expressa como sendo hálito, respiração, aspiração.

Um corpo sem vida é aquele que não tem mais sopro, que expirou.

Às vezes, espírito é usado em contraposição à matéria. Assim, no ser humano, o corpo é material, ao passo que a alma é espiritual. Espírito é também a vida comunicada diretamente por Deus. Em *Gênesis 2,7* lemos que Deus fez o homem do barro e soprou sobre suas narinas. A partir desse instante ele passou a viver. Portanto, o corpo é material, vem da terra; a alma é espiritual, vem de Deus.

Deus é espírito e vida. A terceira pessoa da Trindade é chamada de Espírito Santo. Quando somos batizados recebemos o Espírito Santo, que é a vida de Deus em nós.

O que seria, então, espiritualidade?

Precisamos ter muito cuidado e não cometer erros que outras pessoas cometeram por confundirem as coisas. Espiritualidade não significa negar tudo o que é material. Para ter espiritualidade não é preciso desencarnar-se. Se o corpo vem da matéria e a alma vem do espírito de Deus, nem por isso somos seres constituídos de duas partes que estão em guerra uma com a outra.

São Paulo, na Carta aos Romanos, fala de uma oposição real que existe entre o *"espírito"* e a *"carne"*, mas aí a questão é outra. Trata-se da guerra entre a graça e o pecado, entre o homem espiritual e o homem carnal. O homem novo, espiritual, está aberto a Deus e aos irmãos; já o homem velho, carnal, está fechado ao Senhor e aos outros.

Espiritualidade seria, então, a vida conduzida sob a influência do Espírito Santo. Quanto mais abertura para essa vida do Espírito, maior liberdade, mais força, mais virtude, mais crescimento, mais coerência, mais harmonia, mais fé, mais esperança, mais caridade, mais alegria, mais satisfação no bem.

E a espiritualidade litúrgica?

Liturgia é ação do Cristo Total (Corpo Místico), na qual Deus é glorificado e nós (Assembleia) somos santificados e salvos. Se participamos da Liturgia com as devidas disposições, isto é, com reta intenção, com conhecimento de causa e ativamente, é certo que poderemos melhorar cada vez mais nossa qualidade de vida.

Liturgia não pode ser algo mecânico, obrigação chata que temos de cumprir, devoção desligada da vida. Liturgia é vida e a vida vivida deve ser resumida e oferecida no momento da ação litúrgica. Isso só consegue quem tem espiritualidade litúrgica.

No meio da vida

Vou transcrever aqui alguns trechos testemunhados por *Danilo César dos Santos Lima*, que escreveu no *Jornal de Opinião* - 30/06 a 6/7/2003. "A missa começa no meio da vida; para ser celebrada precisa de um ingrediente, que é o fermento da vida. Sem esse fermento, a missa fica parecendo bolo solado no fundo do tabuleiro".

"No coração da vida, a vida de Jesus; – continua Danilo – devemos ir para a celebração com as alegrias, as tristezas, as esperanças, as conquistas, as dificuldades, os desafios... para juntar tudo na vida de Jesus."

Se durante a semana estivemos abertos ao Espírito: "no trabalho, na família, na comunidade... então nossos olhos se abrem quando o pão se parte, o coração fica em brasa ao ouvir a Palavra, e o caminho percorrido passa a fazer sentido!" (veja Lc 24,13-35).

Isso é espiritualidade litúrgica. É por isso que a *Sacrosanctum Concilium* insiste para que, "no sacrifício da Missa, nós mesmos nos ofereçamos como hóstia espiritual e sejamos feitos eterna dádiva de amor" (SC 12).

17

AS INTENÇÕES DA MISSA

É conhecida de todos a prática dos católicos de marcar intenção para as missas. Há pessoas que mandam rezar missa por parentes falecidos. Outros pedem que a intenção seja de agradecimento por uma graça alcançada, ou por um aniversariante, por um doente etc. Há ainda os que pedem que a missa seja rezada em louvor a Nossa Senhora ou a qualquer um dos santos.

Faz parte dos procedimentos distinguir se a intenção solicitada vai ser colocada numa missa com dia marcado ou se poderá ser rezada em qualquer dia, conforme a disponibilidade do padre. Outra coisa a esclarecer é se aquela missa a ser rezada terá várias intenções ou apenas uma (intenção coletiva ou intenção exclusiva).

Baseado em que existem esse costume, essa tradição de os católicos colocarem intenções na celebração da missa? Essa prática tem fundamento na teologia eucarística?

O que podemos ver na Doutrina da Igreja?

Esse assunto pode ser visto de diversos ângulos. Há fundamentos válidos a partir dos quais podemos tirar consequências boas para nossa vida de fé. Algumas práticas, porém, foram surgindo no decorrer da história, desligadas do contexto teológico e doutrinal sobre a Eucaristia, comprometendo uma visão mais plena e harmoniosa do mistério da redenção.

É preciso, pois, partir dos elementos mais sólidos e indiscutíveis da doutrina da Igreja Católica para tentar depois esclarecer nossa prática, visando evitar ou até mesmo corrigir atitudes contrárias ao Evangelho.

• A missa é a morte e ressurreição de Jesus trazidas para o hoje de nossa história; portanto, atualizadas para todos os que dela participam.

• O sacrifício da missa é, para todos os fiéis, a suprema salvação. Por meio da Eucaristia é feita nossa reconciliação com Deus e com a vida. A antiga situação de separação, que nossos pecados provocaram, foi desfeita. A missa é a celebração de uma nova criação e nosso destino eterno volta a estar garantido junto do Pai pelo Filho no Espírito Santo, desde que acreditemos nesse Deus.

• Toda vez que bebemos desse cálice; toda vez que comemos desse pão, anunciamos a morte do Senhor e proclamamos sua Ressurreição, até que estejamos juntos em seu Reino.

Isso que nós acabamos de recordar mostra que a missa tem, na verdade, uma só intenção: é aquela grande intenção dada por Deus que quer nos salvar, nos redimir. Por si, bastariam uma só missa, uma só intenção, que é essa aí: nossa salvação.

Então qual a razão de tanta missa?

Por que tantas missas, todos os dias, durante todo o ano? O *sacrifício redentor* é um só e o mesmo. Sua celebração repetida é dom de Deus como possibilidade para nós nos atualizarmos no mistério. Além disso, a repetição das missas visa responder a nossas próprias necessidades, limitações e fragilidades na fé.

Dizem que se fôssemos plenamente abertos,

despojados, obedientes e livres, bastaria a participação em uma só missa para sermos definitivamente santificados. Infelizmente, muita gente participa da missa, mas nem todos crescem em santidade no mesmo grau e no mesmo nível; isso depende das disposições de cada um e do modo como acolhe a graça.

A partir do que refletimos poderemos rever nossas práticas e tirar algumas conclusões.

Podemos mandar rezar missas pelas almas?

• O costume de mandar rezar missa na intenção dos falecidos é legítimo. Isso significa que acreditamos na comunhão dos santos, pois estamos intercedendo em favor dos irmãos que já não podem conseguir mais nada. Estamos solicitando a intercessão do próprio Cristo Redentor. Pedimos que os frutos do sacrifício da cruz sejam aplicados na salvação de nossos irmãos que já partiram deste mundo.

• Mas e se essa pessoa falecida morreu em situação de pecado mortal ou foi incrédula até o fim da vida? Somente Deus pode julgar e nossa oração se dirige à misericórdia do Pai. Sempre resta uma esperança, por isso nossa prece tem sentido.

Os ricos podem comprar sua salvação?

• E se uma pessoa rica, que só viveu buscando prazeres às custas do outros, praticando a injustiça, não dando ouvidos à pregação da Igreja e nunca se preocupando com sua conversão, mas deixou uma grande quantia em dinheiro destinada a pagar espórtulas de um grande número de missas em sua intenção, essa pessoa terá assim garantida sua salvação eterna? (leia Lucas 16,19-31).

• A Bíblia diz que a salvação depende da fé e, por sua vez, a fé só é verdadeira se for acompanhada de obras. Além disso, redenção é dom amoroso e gratuito de Deus, não se compra com prata e ouro.

Por que a Igreja recebe espórtulas das missas?

• Quanto se oferta para colocar uma intenção? Quanto se dá para mandar celebrar uma Missa? A Missa, por ser a memória da Morte e Ressurreição de Jesus, não tem preço, tem valor infinito. Quando pagamos a "espórtula" não estamos comprando o sacramento; estamos contribuindo para o sustento da Igreja, os serviços da comunidade, de seus ministros. A Igreja Católica deveria encontrar outras maneiras de garantir o sustento das comunidades, dos serviços e dos ministros. É preciso desvincular definitivamente a manutenção da comunidade da celebração dos sacramentos.

• Se uma pessoa não puder oferecer nenhuma espórtula, vai ficar sem os benefícios da missa? Jamais! Cada fiel tem direito de colocar sua intenção na missa, esteja ela registrada no livro da paróquia ou não. Não é nem preciso que a dita intenção seja lida antes da missa. Em vários momentos da celebração há espaço para que os participantes coloquem mentalmente suas intenções: depois do "oremos" na Oração da Coleta; na Oração da Comunidade, encerrando a Liturgia da Palavra; no Ofertório; nas preces pelos vivos e falecidos dentro da grande Oração Eucarística e, sobretudo, na hora da comunhão.

SEGUNDA PARTE
A Missa parte por parte

A missa, como sabemos, é constituída de duas partes:

a) Liturgia da Palavra
b) Liturgia Eucarística

Junto a essas duas partes temos ainda três conjuntos de ritos:

a) Ritos iniciais
b) Ritos da comunhão
c) Ritos finais

1

RITOS INICIAIS

Re-união – Podemos dizer que a celebração começa com a reunião dos fiéis. Ao chegar somos acolhidos e nos encontramos com outras pessoas, irmãos e irmãs na fé. Como os grãos de trigo se unem para formar um só pão, os cristãos se unem na fé e no amor e este fato expressa a Igreja, o Corpo Místico de Cristo: *"Onde dois ou mais estiverem reunidos em meu nome, aí estarei eu no meio deles"* (Mt 18,19-20).

Reunir é muito mais do que estar um ao lado do outro. O fato de os cristãos se reunirem já é uma expressão do próprio mistério da Igreja. Na verdade, a palavra Igreja só pode significar o edifício material enquanto este é uma imagem da reunião de pedras vivas e símbolo da união dos cristãos.

Cristo veio para nos salvar do pecado e da morte. O pecado nos separou de Deus e dos irmãos e irmãs.

Por isso, a reunião dos cristãos é sinal da salvação, é Cristo que vem para re-unir aquilo que o pecado havia separado. A reunião é, pois, uma expressão desse mistério.

Preparação – A celebração não pode passar como ato corriqueiro, como mera formalidade. É preciso preparar tudo com carinho. Estando na Igreja, damos uma olhada para ver se a comunidade precisa de alguma ajuda, se está havendo algum ensaio de canto, se é preciso seguir algum texto etc. Mas o mais importante é preparar o coração, na calma e no silêncio. O que vim buscar na missa? O que consegui trazer para ofertar nesta missa? É triste chegar, assistir, fazer tudo mecanicamente e voltar para casa sem que nada de mais profundo tenha acontecido em minha vida!

Introdução do tema – Não é bom que a missa tenha um tema. Nós celebramos os mistérios de nossa salvação. Colocar tema em tudo que se faz nas celebrações litúrgicas revela nossa tendência exagerada pelos conceitos, pelos discursos, pelas ideias. Mas, já é tão habitual essa preocupação em delimitar o tema que parece não ter outro jeito. Essa introdução deve ser curta, simples e bem fácil de ser entendida. Deve servir para despertar nossa motivação. Para isso, ajuda saber qual será a mensagem central do Evangelho a ser proclamada naquele dia; ou informar sobre algum fato ou acontecimento importante que está marcando o dia ou a semana. De qualquer maneira, não devemos nos esquecer que, antes de tudo, essa introdução deve servir para nos dispor a participar da liturgia que é, em primeiro lugar, "a obra de Deus em nós" antes de ser nossa obra para Deus.

Procissão de entrada – Essa caminhada do(s) sacerdote(s) acompanhado(s) dos ministros, acólitos e leitores pode ser mais ou menos solenizada. Da sacristia até o altar; da porta de entrada até o altar; de um lugar externo para dentro da Igreja, até ao altar. Esse cortejo é um sinal que indica a caminhada da Igreja em sua marcha para o Reino Celeste. Não é um cortejo de personagens que vão representar ou dar um show; todos nós estamos a caminho até a pátria definitiva. Por isso, essa procissão deve levar a cruz logo à frente. Seria interessante que algumas pessoas da assembleia participassem da procissão de entrada; é importante que seja um grupo representativo da comunidade, que caminha unida e não dividida em grupos destacados. Antes de cada um tomar seu lugar, o(s) sacerdote(s) beija(m) reverentemente o altar, símbolo de Cristo.

Reverência ao altar – Enquanto acólitos, leitores e ministros ocupam seus lugares, o(s) sacerdote(s) faz(em) reverência ao altar. Na tradição cristã o altar é símbolo do próprio Cristo, daí toda veneração e respeito manifestados com um beijo ou incensação. O altar, na história das religiões, aparece como lugar do encontro com a divindade. Por isso ele era feito de pedra natural e virgem; sobre ele eram imoladas as vítimas dos sacrifícios cultuais. Na nova aliança o altar passou a ser também a mesa da Ceia Sagrada ao redor da qual todos se reúnem. O altar simboliza ainda o centro da unidade na comunhão fraterna. Com a reforma litúrgica o altar voltou a ocupar um lugar mais condizente com seu significado e sua função.

Saudação do sacerdote – O oficiante principal da Eucaristia, que representa a pessoa de Cristo, sumo e eterno sacerdote, faz a *saudação inicial*. É em nome do Pai, do Filho e do Espírito Santo que todos estão ali reunidos. Essas palavras são muito significativas para revelar que a ação litúrgica é, em primeiro lugar, "obra de Deus em nós e para nós". Mesmo reconhecendo que seja muito simpático da parte de alguns padres cumprimentar a assembleia dizendo "bom dia", "boa tarde" ou "boa noite", na celebração a saudação tradicional prescrita deve prevalecer, pois ela é constitutiva da própria Liturgia. Não se trata de um encontro como qualquer outro e o padre oficiante deve agir como sacramento de Cristo Sacerdote.

Penso que não devemos entender que na Liturgia não haja lugar para a espontaneidade. O Missal Romano a permite e até a recomenda em vários lugares, como por exemplo, no início da celebração: *"O sacerdote, devidamente preparado, poderá, em breves palavras, introduzir os fiéis na missa do dia"*. Portanto, haverá muito mais comunicação quando formos capazes de nos libertar daquele tom de leitura meramente formal, sem expressão e sentimento.

Após manifestar e desejar que a vida a ser celebrada é graça e presença da Trindade Santa, o sacerdote introduz os motivos mais relevantes da Eucaristia do dia. Essas palavras devem motivar e despertar a atenção para que a participação de todos seja ativa, consciente, expressiva e frutuosa.

Ato Penitencial – Diante dos "santos mistérios que vamos celebrar" o reconhecimento sincero de nossa indignidade é uma atitude coerente. É preciso e faz bem manifestar isso rezando. Por isso é importante fazer silêncio e interiorização. A constatação de que nosso ser é frágil e pecador é uma das maneiras de exaltar a bondade e a misericórdia de Deus, que por nós deu sua própria vida.

No ato penitencial reconhecemos que fomos infiéis e quebramos muitas vezes o contrato da aliança. Deus, porém, manteve firme sua palavra. Nós falhamos, mas Deus é inocente. Dizer "Senhor, piedade" era uma maneira antiga de reconhecer o poderio, a grandeza e a majestade do rei ou imperador vitorioso, que tomava posse do país e do povo conquistado. O ato penitencial, mais do que uma contemplação daquilo que temos de negativo, é uma glorificação do Senhor Deus que por nós tem amor e compaixão.

O ato penitencial poderá ser cantado, desde que a letra e a música estejam dentro das normas litúrgicas. Nesse caso, cuidar para que o tempo de silêncio e recolhimento do exame de consciência seja respeitado.

O Missal sugere ainda como ato penitencial a aspersão da água benta sobre os fiéis, relembrando a purificação realizada no Batismo.

O Hino do Glória – Quase como um prolongamento do ato penitencial vem o hino do Glória, presente já nas celebrações eucarísticas dos primeiros séculos. Poucas pessoas percebem, mas se trata de um hino cristológico, isto é, que exalta mais os atributos de Cristo, embora haja referências a Deus Pai e ao Espírito Santo. O ideal é que esse hino seja cantado, mas pode também ser recitado. Não é correto substituí-lo por outros cantos só porque a letra fala de glória ao Pai, ao Filho e ao Espírito Santo. No glória cristológico a Igreja, como Corpo do Cristo Total, cabeça e membros, presta culto à divindade por meio de seu mediador.

Não se diz o Glória nos tempos penitenciais (Advento e Quaresma) e nas missas celebradas em dias feriais (durante a semana), a não ser na comemoração de uma festa ou solenidade.

Oração da coleta – Para concluir os ritos iniciais temos a oração da coleta ou oração do dia. O sacerdote diz: *"oremos"* e aguarda um instante em silêncio. Em seguida ele reza a oração, que é própria para cada celebração, como presidente da assembleia, e ao final todos dizem: *"amém"*.

Essa oração se chama coleta pelo fato de que, após o convite do oficiante, cada um pode colocar suas intenções, fazer sua prece silenciosa. A oração da coleta é verdadeiramente uma coleta dessas intenções e uma conclusão. Os ritos iniciais, portanto, servem para constituir e dispor a assembleia para celebrar a Ceia do Senhor.

2

LITURGIA DA PALAVRA

Passamos agora a comentar em detalhes a primeira parte da Missa que é a Liturgia da Palavra. É bom que fique claro que a celebração dos sacramentos tem como parte importante a proclamação da Palavra de Deus. No caso da Eucaristia isso fica ainda mais evidente. A missa é um todo, mas dividida em duas partes: a Liturgia da Palavra e a Liturgia Eucarística.

Deus nos reúne para nos falar e ele se comunica conosco no hoje de nossa história. As leituras não são relatos de acontecimentos do passado. Elas falam para nós hoje. É importante ter essa consciência: na Liturgia Deus nos fala e nós lhe respondemos com cantos, hinos, preces e com a vida. A liturgia é um profundo diálogo do qual todos participam falando, ouvindo, aclamando e louvando.

Proclamação da Palavra de Deus – A leitura da Sagrada Escritura na celebração deve merecer todo o respeito e destaque. Não se trata da leitura de um texto comum, mas sim da proclamação da Palavra de Deus. A posição do corpo para ouvir e meditar é sentado. O leitor, devidamente preparado para exercer a função, deve saber ler com clareza e expressão, entendendo o que está comunicando. Deve ter voz clara e boa dicção, fazendo corretamente a pontuação. Não é preciso dizer que para a leitura ser bem-feita é preciso preparar-se adequadamente. Se o local for grande será preciso valer-se de equipamentos de som, bem ajustados. O ideal é que todos possam entender a leitura feita, sem necessidade de acompanhar o texto por meio de folheto ou livrinho.

Entronização da Palavra de Deus – A Bíblia é o livro que contém a Palavra de Deus. Tem sido frequente organizar uma entrada solene do livro santo, com cantos e aclamações, destacando-se através de sinais o carinho e o acolhimento respeitoso da Palavra de Deus.

Na Liturgia são utilizados livros específicos para as leituras: o *Lecionário*, de onde são lidas as páginas do Antigo Testamento, os Salmos de Resposta, as Cartas e os escritos dos apóstolos; o *Evangeliário*, de onde são lidos ou cantados os Evangelhos. Quando se lê ou se canta o Evangelho (*é Cristo quem nos fala*) a posição do corpo é de pé, sinal de quem está pronto para caminhar seguindo o Mestre. É bom esclarecer que existem dois lecionários: um dominical e outro para os dias de semana. No Brasil, os textos para serem lidos nas celebrações são aprovados pela CNBB (Conferência Nacional dos Bispos do Brasil). Isso quer dizer que, normalmente, somente a tradução aprovada pela CNBB é que pode ser utilizada na Liturgia.

A resposta da Assembleia – Terminada a leitura os fiéis respondem a Deus. Pode ser através da recitação de um salmo, de um hino ou de um canto que faça referência ao texto lido. Para evitar a rotina é preciso valorizar o silêncio, a reflexão, o ritmo. As palavras que saem de nossa boca devem partir do coração, devem ser sinceras, carregadas de sentido e sentimento. Vejam o que os Evangelhos falam de Maria: *"ela guardava todas essas coisas em seu coração"*.

A aclamação ao Evangelho – Jesus é portador da Nova Aliança. Outrora Deus falou-nos e de muitos modos: pelos patriarcas, pelos profetas, pela Lei... Mas nestes tempos, que são os últimos, ele nos fala por seu próprio Filho. Por isso, o momento da leitura do Evangelho merece um destaque especial. O Evangelho é aclamado com cantos especiais e o livro pode ser incensado, tudo para realçar a grandeza desse momento que exige atitude de escuta atenta e de fidelidade. É bom que todos estejam de pé e voltados para o local da proclamação.

A homilia – Após as leituras alguém, normalmente aquele que preside a celebração, faz a homilia, o sermão. Homilia originalmente era uma conversa familiar, um diálogo. Na liturgia é o momento da explicação sobre o que foi lido da Escritura Sagrada. É a fala do Pastor que visa orientar o rebanho nos caminhos da vida. A homilia faz parte integrante da liturgia e normalmente não deve ser omitida.

Os ciclos das leituras – A reforma litúrgica promovida pelo Concílio Vaticano II determinou que fosse reformulado o roteiro das leituras. Para as missas dominicais foram estabelecidos três ciclos diferentes de leitura: ano **A**, ano **B** e ano **C**. Para as missas nos dias de semana, dois ciclos: ano **Par** e ano **Ímpar**.

Temos assim uma maior quantidade de textos bíblicos, mais variada e apropriada, para ser utilizada na liturgia. O que é lido num determinado domingo só se repetirá depois de três anos. Nos dias de semana conserva-se o Evangelho do dia, ano após ano, mas a primeira leitura é alternada: uma para o ano ímpar outra para o ano par, e elas são lidas numa ordem sequencial e contínua.

O Pão da Palavra – A Liturgia da Palavra é tão importante quanto a Liturgia Eucarística e as duas formam uma unidade. Podemos até dizer que na missa temos duas mesas: a da Palavra e a do Corpo e Sangue de Cristo. Todavia, nossa participação consciente e frutuosa supõe disposição para a contínua conversão e abertura do coração para a ação de Deus.

A celebração é toda ela um diálogo. Falar, ouvir, proclamar, acolher, responder... assumir compromissos.

Profissão de Fé – Aos domingos e em dias de festa e de solenidade, os fiéis professam sua fé após a pregação rezando o "Creio em Deus Pai". O Credo é uma resposta da assembleia diante da palavra de Deus que foi proclamada. Manifestar publicamente a fé é ato de culto, é manifestação de confiança, de esperança e de comunhão. *"É crendo de coração que se obtém a justiça e é confessando com a língua que se alcança a salvação. Com efeito, a Escritura diz: quem nele crê não será confundido"* (Rm 10,10-11).

O Símbolo dos Apóstolos – A profissão de fé utilizada nas celebrações não são fórmulas racionais e frias. O texto que recitamos não obedece à moda ou ao gosto de cada um. O Credo é expressão de uma comunidade ligada por uma aliança e por uma tradição de séculos. Houve momentos em que surgiram discordâncias e desvios, e muitos derramaram o próprio sangue para conservar a verdadeira fé. É por isso que a proclamação da fé é um ato solene e deve brotar de nosso íntimo como *símbolo* de nossa fidelidade a Deus. *"Empenhe-se no bom combate da fé, conquiste a vida eterna para a qual você foi chamado e em vista da qual você fez sua bela profissão de fé, diante de tantas testemunhas"* (1Tm 6,11-12).

Modelos de Profissão de Fé – Temos dois textos: um mais curto, utilizado com mais frequência, chamado *Símbolo Apostólico,* e outro mais longo chamado *Símbolo Niceno-constantinopolitano.* O Creio é um conjunto de afirmações transmitidas desde o tempo dos apóstolos. A versão Niceno-constantinopolitana é assim denominada porque sintetiza as proclamações dos Concílios de Niceia (ano 325) e de Constantinopla (ano 381). A Igreja, diante das divergências surgidas, debateu e definiu as questões, resultando essa bela manifestação de fé.

Entrega do Símbolo – Desde a Igreja primitiva a profissão de fé exige fidelidade e comprovação. Os catecúmenos, que se preparavam longamente para o batismo, passavam por uma cerimônia prévia onde recebiam formalmente o Símbolo, isto é, os artigos destacados da fé que deveriam conhecer e guardar. É por isso que no ritual do batismo, ainda hoje, a Igreja conserva a profissão de fé, feita no singular, pois se trata de um compromisso e de uma confissão de responsabilidade pessoal.

Em nossas missas, infelizmente, cuidamos pouco de solenizar e valorizar a profissão de fé. Recitações feitas com pressa, sem preparação, sem ambiente de compenetração. É importante que se faça uma pequena introdução. Quem reza deve expressar algo que venha de dentro, das próprias convicções. A hora do Creio é também momento de estar em cadeia com todos os que nos precederam: Abraão, Moisés, os apóstolos, os mártires e os santos.

Oração dos Fiéis – Qual o nome correto? Oração dos Fiéis, Oração da Comunidade ou ainda Oração Universal? Essa prece insere-se como resposta à Palavra de Deus proclamada na Missa e encerra a primeira parte da celebração. Nas celebrações litúrgicas existem orações que são recitadas apenas pelo sacerdote que preside. São as chamadas orações presidenciais. O oficiante reza sempre em nome do povo, pois ele faz as vezes de Cristo Sacerdote. *"Todo o sumo sacerdote tirado do meio dos homens é constituído em favor dos homens em suas relações para com Deus"* (Hb 5,1).

Mas, também existe espaço para a oração feita pelos fiéis. Depois de haver sido alimentado pela Palavra de Deus nas leituras e na homilia, o povo cristão ergue a Deus sua súplica. É o momento de olhar a realidade que nos cerca. Deus já nos esclareceu o que ele quer e mostrou nosso dever de cooperar ativamente em sua realização. Através da *Oração dos Fiéis* nos aproximamos das realidades concretas em que vivemos, das necessidades de todos os seres humanos de cujas dificuldades, trabalhos e esperanças participamos.

Como estruturar a Oração dos Fiéis? – O missal romano recomenda um esquema de intenções:

a) Pela Igreja e por seus membros (unidade dos cristãos, vocações, missões, papa, bispos, sacerdotes, diáconos, religiosos, leigos, comunidades, pastorais, catecúmenos...).

b) Pelos negócios públicos ou relacionados com o bem comum, incluindo as pessoas legitimamente encarregadas (a paz, a organização da sociedade, a economia, os problemas sociais, os governantes, os empresários, os trabalhadores...).

c) Especial carinho deve ter o povo cristão para com os que sofrem ou estão em dificuldades (os doentes, os desempregados, as vítimas da violência, os injustiçados, os que perderam a esperança...).

d) Pela assembleia em si e pela comunidade local (acontecimentos significativos da paróquia e da diocese, incluindo as atividades pastorais, encontros, cidadania...).

Formulação das intenções – A frase elaborada para cada súplica não pode esconder o essencial do pedido. Portanto, sentenças curtas, com um só pedido de cada vez. Palavras simples e de sentido claro, bem ritmadas. Terminar com um final uniforme, que facilite a resposta do povo ("... rezemos ao Senhor"). É possível também apenas mencionar a intenção ("por aqueles que não têm trabalho, oremos..."). A intenção poderá ser acompanhada de um motivo ("A fim de que o progresso das ciências sirva à felicidade de todos, rezemos...").

Uma comunidade cristã não pode aceitar a mediocridade na preparação e na execução das cerimônias litúrgicas. Quando isso acontece, em pouco tempo surgem na assembleia sinais de aborrecimento e tédio. Havendo condições, criar, adaptar e variar os textos, não permitindo que tudo fique reduzido aos formulários prontos.

3

LITURGIA EUCARÍSTICA

Depois de termos comentado vários tópicos da primeira parte da missa, que é a Liturgia da Palavra, passamos agora para a segunda parte, que é a Liturgia Eucarística.

Ofertório – Terminada a Oração dos Fiéis, inicia-se a preparação das oferendas. Basicamente, o que se oferece a Deus são os elementos materiais escolhidos por Jesus para o sacramento, ou seja, o pão e o vinho. Mas, o ofertório é um rito que agrega outros elementos e gestos com significados muito interessantes.

Frutos da terra e do trabalho – O sacerdote, junto à mesa do altar, ergue a patena com a hóstia (pão), dom de Deus através do trabalho humano, fruto do trigo plantado na terra. É importante perceber a parceria: Deus nos dá para que possamos devolver e ofertar. Com o fruto da videira acontece da mesma forma. E mais, uma gotinha de água é colocada no cálice. Essa água pingada, que representa a humanidade, mistura-se e se perde no vinho, simbolizando nossa vida mergulhada na vida de Deus.

Incensação – Nas missas solenes as ofertas são incensadas. A fumaça de cheiro agradável que sobe simboliza o desejo que temos de que Deus olhe com bons olhos para aquilo que estamos ofertando. Nossa oração sobe como a fumaça e esperamos que chegue até Deus e lhe seja agradável. Muito mais que os elementos materiais colocados sobre a mesa, Deus quer nosso coração, nossa vida. Por isso, no final, também nós somos incensados.

Outras oferendas – O pão e o vinho na missa serão transformados no corpo e sangue de Cristo, pão da vida e vinho da salvação. Mas nesse ofertório podemos colocar também nossa vida, tudo o que temos e somos, nossos projetos, nossos problemas e preocupações, nossas conquistas, nossas dores e alegrias. Vejam as letras de alguns cantos de ofertório para entender bem isso.

O Ofertório é o momento de reconhecimento e gratidão por tudo o que recebemos da bondade de Deus. Daí a inspiração de gestos de solidariedade e de partilha. No culto antigo era o momento de trazer o dízimo de tudo o que era produzido: animais, cereais, leite, queijo, frutas, legumes, tecidos, azeite, mel etc., tudo ofertado com generosidade para sustento da Igreja e dos pobres.

Procissão e canto – Na celebração dominical e nas festas é comum fazer a procissão com as oferendas. Pessoas da assembleia levam para o altar o pão, o vinho e a água. Conforme a ocasião poderão ser levados ainda outros elementos que expressem gratidão e simbolizem a vida, as atividades, as conquistas, as aspirações, os compromissos etc. O canto para esse momento deve ser apropriado, isto é, canto de ofertório, cuja letra seja realmente oração, pois devemos cantar a missa e não simplesmente cantar na missa.

Lavabo – O Sacerdote, depois de ofertar o pão e o vinho, lava as mãos. Esse gesto simbólico obedecia, na antiguidade, uma questão prática e funcional. O oficiante recebia as ofertas trazidas pelos fiéis pegando-as concretamente. Tinha, necessariamente, de lavar as mãos em seguida. Hoje o gesto expressa uma atitude de purificação interior: "Lavai-me, Senhor, de minhas faltas e purificai-me de meus pecados". Mais um momento para contrição, para reconhecer-se humilde e indigno diante de tão grande mistério.

Coleta – A coleta na missa não é arrecadação de esmola. Com a evolução e o desenvolvimento da sociedade houve uma passagem gradativa da cultura rural para a cultura urbana. O fruto do trabalho, para a maioria das pessoas, é o salário ou o lucro recebidos em dinheiro. Consequentemente, as ofertas não mais são dadas em produtos agropecuários mas sim em dinheiro. As moedas e cédulas que colocamos na cestinha, portanto, devem simbolizar o suor que derramamos na conquista do pão cotidiano. Pense nisto: pelo resultado de algumas coletas é possível constatar quão pouco produzimos! E o que dizer quando ofertamos um dinheiro que não foi ganho honestamente, que não foi fruto de um abençoado trabalho?

Oração sobre as oferendas – Para encerrar o rito do ofertório e passar para a fase seguinte da missa, o sacerdote convida a assembleia para que reze: "Orai, irmãos e irmãs...". O culto, o sacrifício que ofertamos, só serão completos e eficazes se Deus aceitar. É por isso que, estando tudo pronto para a Liturgia Eucarística, rezamos para que Deus receba, acolha e aceite o sacrifício, primeiro para a glória de seu nome, depois para nosso próprio bem, para a vida e salvação de cada um e de toda a humanidade. A conclusão é feita pelo oficiante, que reza a oração sobre as ofertas, própria para cada dia.

A missa é toda ela uma Eucaristia, ou seja, uma ação de graças a Deus. As diversas partes que a constituem não nos devem fazer pensar que se trata de uma montagem de elementos justapostos. Tudo forma uma unidade cujo objetivo é glorificar a Deus e santificar os redimidos. Nesse sentido, cada parte e cada rito tem sua importância para o valor do conjunto.

Terminados os ritos do "ofertório", passamos ao momento da **Prece Eucarística**. Ocupando um lugar central na celebração, essa grande oração é proclamada por aquele que preside a assembleia, o sacerdote ordenado, que reza em nome de todo o povo. Trata-se de uma oração da Igreja e os fiéis devem acompanhá-la conscientes de que participam, ora em silêncio ora com cantos, respostas e aclamações.

O nome – Os nomes utilizados para designar essa parte da missa não são muito apropriados. *Prece* ou *oração eucarística* é toda a celebração. *Cânon*, que significa "regra", também é algo que se aplica à missa toda. O nome que talvez mais se aproxima seria *anáfora*, palavra grega que significa "elevação", ou seja, trata-se do gesto de rezar erguendo com as mãos a oferenda ou o sacrifício.

O Prefácio – Antes de iniciar a oração eucarística propriamente dita há um prefácio, uma introdução. Seguindo a estrutura das antigas orações judaicas, é feito um rápido diálogo entre o presidente e a assembleia. Isso serve para chamar a atenção e elevar os espíritos ("corações ao alto"). O texto do prefácio faz alusão ao mistério que está sendo celebrado – encarnação, paixão, ressurreição, Nossa Senhora, Santos – pois a Igreja tem consciência de que, passo a passo durante o ano, toda a história da salvação é atualizada. Nunca devemos nos esquecer de que temos motivos de sobra para louvar e glorificar a Deus, atitude sempre "digna e salutar".

Santo, Santo, Santo – O prefácio possui uma conclusão que é recitada ou cantada por todos. Um hino exultante, cuja composição nos recorda que a liturgia é obra ao mesmo tempo terrestre e celeste – "céus e terra proclamam vossa glória". O versículo de Isaías 6,3 acrescido da citação de Mateus 21,9, que está baseada no Salmo 118,25-26, formam a aclamação que transmite não somente a ideia da santidade de Deus, mas também a de sua plenitude.

A grande oração sacerdotal – Não existe apenas uma prece eucarística. Atualmente, o Missal Romano apresenta 11 formulários diferentes para serem utilizados conforme a circunstância. Três orações foram elaboradas para missas com crianças; duas têm como tema a reconciliação; duas não possuem prefácios próprios.

Alguns elementos essenciais aparecem em todas elas, a saber: o relato da instituição; a ordem de Cristo de fazer isso em sua memória; as epícleses, que são invocações ao Espírito Santo; as intercessões; a glorificação final.

O relato da instituição – Depois de ter bendito a Deus por todas as suas maravilhas, que culminam no mistério pascal, é preciso comunicar através dos sinais da refeição eucarística o hoje do sacrifício de Cristo. A narração da ceia, descrita em várias passagens do Novo Testamento, torna presente na celebração a "consagração". Tudo o que Deus Pai fez desde a criação está sintetizado na Páscoa de Cristo, sua morte e ressurreição. Esse relato é um memorial sacramental daquilo que Jesus disse e realizou tanto na ceia quanto na cruz. "Todas as vezes que comemos deste pão e bebemos deste cálice, anunciamos, Senhor, a vossa morte, enquanto esperamos vossa vinda!"

As invocações ao Espírito Santo – As invocações (epícleses) já apareciam nas orações mais antigas. Pedimos ao Pai que envie seu Espírito sobre nós e sobre os dons oferecidos, para que sejam abençoados e santificados e para que o pão seja transformado no corpo de Cristo e o cálice em seu sangue. Assim, a participação no pão e no cálice proporciona a comunhão de todos num único Espírito.

As intercessões – Ainda dentro da oração eucarística são feitas súplicas de intercessões: por aqueles que estão presentes e que trouxeram as ofertas; pelo papa e pelo bispo; enfim, por toda a Igreja, englobando os vivos e os falecidos. Essas intercessões levam em consideração a comunhão com todos aqueles que já atingiram a santidade.

Glorificação final – A anáfora termina com uma fórmula trinitária que quer ser louvor, glorificação, honra, bênção e adoração. "Por Cristo, com Cristo e em Cristo, a vós, Deus Pai todo-poderoso, na unidade do Espírito Santo, toda a honra e toda a glória agora e para sempre". É uma bela síntese eucarística. Esse é o sacrifício agradável a Deus. Toda a assembleia que concorda que assim seja diz ou canta: **Amém!**

4

RITOS DA COMUNHÃO

Terminada a grande oração eucarística, a missa chega ao momento da comunhão no Corpo e no Sangue de Cristo. Esse rito vai completar e dar plena realização à celebração.

O "Pai-nosso" – A oração que o próprio Jesus nos ensinou é o primeiro elemento que constitui o rito da comunhão. Sem dúvida, rezar juntos o Pai-nosso é a melhor preparação para a comunhão. Primeiro porque não é uma oração qualquer; depois, porque ela mesma faz referência ao "pão nosso de cada dia", que não significa apenas o pão material mas também, como dizia Santo Ambrósio, o "pão substancial" que alimenta nossa vida de fé. Além disso, pedindo perdão a Deus e manifestando disposição sincera de perdoar as ofensas recebidas, podemos nos aproximar do altar "com o rosto lavado", como costumava dizer Santo Agostinho. Como vemos, rezar o Pai-nosso antes de comungar é uma tradição bastante antiga.

Na missa, a oração do Senhor, conforme costumes de diversas tradições, tem um prolongamento com outras súplicas: *libera* – "livrai-nos de todos os males", "livrai-nos do pecado", "livrai-nos de todos os perigos"... "dai-nos a paz".

A saudação de paz – Esse gesto simbólico também chegou até nós proveniente de diversas tradições. Em alguns lugares vigorava o *ósculo da paz*, ou seja, o beijo da paz. Em outros ritos era mais frequente o *abraço da paz*. Havia diferenças quanto ao momento desse rito: no início da celebração; no começo da liturgia eucarística, como cumprimento de Mt 5,23-24 ("Se trazes tua oferta ao altar e te lembras de que teu irmão tem alguma coisa contra ti, deixa tua oferta diante do altar e vai primeiro reconciliar-te com teu irmão; depois virás apresentar tua oferta."); ou no momento antes da comunhão, como fazemos hoje.

O sentido é bem claro: a paz verdadeira, aquela comunicada por Cristo, é condição para a comunhão. A paz de Jesus, desejada e comunicada na saudação (beijo ou abraço) expressa a unidade, a superação de tudo o que divide e separa. Caso contrário a comunhão no Corpo e no Sangue de Cristo seria um contratestemunho gritante. É sempre bom pensar nesse gesto, com sinceridade e verdade.

A fração do pão – Hoje esse gesto quase não é notado pelos fiéis, mas desde o tempo dos primeiros cristãos celebrar a Eucaristia era *"partir o pão"*. Bispos e padres partiam os pães consagrados que lhes eram trazidos pelos acólitos em pequenos sacos de linho. Fazer isso era necessário para que a comunhão pudesse ser distribuída ao povo. Vale lembrar que, nas refeições judaicas, cabia ao pai de família quebrar o pão. A esse gesto foi acrescentado o simbolismo do Cordeiro imolado, a nova Páscoa dos cristãos. Partilhar do mesmo pão significa partilhar também os dons e os bens recebidos, para que "não haja necessitados" na comunidade.

Mistura do Corpo com o Sangue – O rito da *mistura* também quase não é percebido pela assembleia. O sacerdote, depois de partir a hóstia, coloca no cálice um pedacinho do pão consagrado. Esse gesto tinha significados diferentes:

a) *Sinal de unidade com o papa* – Nas missas de domingo, o sumo pontífice reservava alguns pedaços da hóstia consagrada para enviá-los aos padres que não estavam presentes porque tinham ido celebrar a Eucaristia em comunidades distantes. Ao receber esse fragmento, o sacerdote o colocava no cálice para manifestar a unidade daquela comunidade e daquele ministro com o bispo de Roma.

b) *Sinal de ressurreição* – Para mostrar que comungamos o Cristo vivo e ressuscitado é feita essa mistura de seu Corpo e Sangue no cálice. Apresentar separadamente as espécies seria, na mentalidade judaica, evocar a morte, uma vez que a vida não está mais na carne.

Pena que o ritual da mistura acontece de modo tão escondido. É muito significativa a oração dita pelo celebrante nesse momento: "Esta união do Corpo e do Sangue de Jesus, o Cristo e Senhor nosso, que vamos receber, nos sirva para a vida eterna."

O momento da comunhão – Já bem cedo iniciou-se o costume de não se comungar com frequência. Alguns se achavam tão indignos de receber o "pão da vida" que deixavam para comungar somente quando estavam sentindo-se mais perto da morte. Havia em algumas comunidades orientais um ritual em que o bispo, elevando o pão e o cálice, se dirigia ao povo dizendo: "As coisas santas aos santos"; e o povo respondia: "Um só é santo, um só é o Senhor, Jesus Cristo".

Sabemos da santidade do sacramento e ao mesmo tempo reconhecemos nossa pequenez, mas a Eucaristia é refeição. Cristo instituiu a ceia e deseja que todos *comamos juntos a Páscoa*. É difícil imaginar um convidado, ao redor da mesa no banquete, recusando-se a comer. Não tem sentido! Mas comungar exige preparação, consciência e respeito.

5

RITOS FINAIS

Percorrendo esse caminho na tentativa de compreender a missa parte por parte, chegamos agora aos ritos finais. Terminada a comunhão dos fiéis, durante a qual normalmente se canta, enquanto os ministros purificam os cálices e outros utensílios, a assembleia reza em silêncio fazendo ação de graças. Depois da oração pós-comunhão pronunciada pelo sacerdote vêm os ritos de despedida.

Saudação e Bênção – O celebrante que preside a Eucaristia se despede dos fiéis desejando que o Senhor continue presente em suas vidas, comunicando-lhes sua paz. Em seguida dá a bênção. Ela pode ser simples ou solene, conforme o tempo litúrgico e segundo vários modelos apresentados no Missal Romano. A Bênção solene possui uma forma tripartida inspirada nas antigas bênçãos episcopais, interrompidas por três *Amém* e seguida da invocação à Santíssima Trindade..

"Ite missa est" ou "Benedicamus Domino" – Os mais velhos ainda se lembram quando a Eucaristia era celebrada em latim: *Ide, a missa terminou* ou *Bendigamos ao Senhor* eram palavras que anunciavam a dissolução da assembleia e cada um ia para sua casa. Estava encerrada a celebração.

O *Ite missa est* chegou a ser entendido como um mandato: cada um deveria sair do templo imbuído de uma missão, ou seja, continuar a missa em casa, no trabalho, na sociedade. "A missa terminou, começa agora nossa missão." Esse pensamento está de acordo com a compreensão reforçada no Concílio Vaticano II que afirmou que "a Liturgia é o cume para o qual tende toda a ação da Igreja e, ao mesmo tempo, é a fonte de onde emana toda a sua força" (*Sacrosanctum Concilium*, 10).

As últimas palavras do sacerdote ou do diácono é que todos sigam em paz, na companhia do próprio Senhor Jesus (recebido na comunhão). A assembleia, consciente da grandeza da qual se revestiu aquela celebração, responde: "Demos graças a Deus!" Será que tem sido assim mesmo? Há gente que não vê a hora da missa terminar e quando enfim vê que ela de fato acabou, diz aliviado: "Graças a Deus!".

Conclusão

O Concílio Vaticano II estabeleceu que a reforma da Liturgia, expressa nos textos da Constituição *Sacrosanctum Concilium*, levasse os fiéis à efetiva participação.

Ficou bem clara a harmonia entre as diferentes funções: cada ministro e a assembleia realizam, respectivamente, as funções que lhes estão reservadas. Antes da reforma o sacerdote fazia praticamente tudo sozinho para garantir a validade do ato sacramental. Hoje, por exemplo, ele ouve as leituras, que valem para ele como batizado, junto com outros batizados; reza com o povo em silêncio sem executar outra tarefa ao mesmo tempo etc.

Com alegria podemos verificar, então, que a reforma vem realizando um dos principais projetos da renovação:

"A Igreja zela para que os fiéis não assistam à missa como estranhos expectadores mudos. Cuida para que, bem compenetrados, participem consciente, piedosa e ativamente da ação sagrada, sejam instruídos pela Palavra de Deus, saciados pela mesa do Corpo do Senhor e deem graças a Deus.

A Igreja deseja que aprendam a oferecer-se a si próprios, oferecendo a hóstia pura não só pelas mãos do sacerdote, mas também juntamente com ele, e assim, tendo o Cristo como mediador, dia a dia se aperfeiçoem na união com Deus e entre si, para que, finalmente, Deus seja tudo em todos" (SC 48).

A marca FSC® é a garantia de que a madeira utilizada na fabricação do papel deste livro provém de florestas que foram gerenciadas de maneira ambientalmente correta, socialmente justa e economicamente viável.

Este livro foi composto com as famílias tipográficas Myriad Pro e AT Rotis Semisans
e impresso em papel Offset 75g/m² pela **Gráfica Santuário**